英語の子音

日本人が苦手

あい　の
フォニックス ❷

［著］スーパーファジー

KADOKAWA

はじめに

発音記号だけでは、正しい発音はわかりません

「発音記号が読めれば、正しい発音がわかる」とよく言われますが、発音記号のせいで、まちがった発音をしてしまうことがあるとしたら、どう思いますか？

たとえば、take と went（go の過去形）の T の発音記号を見てみましょう。

take /teɪk/　　went /went/

発音記号はどちらも同じ /t/ ですが、この２つの音は同じでしょうか。

多くの人は、/t/ は「トゥッ」と息を出すもの、と習っていると思います。しかし、実際には、take と went の２つの T は、同じ音ではありません。take の /t/ は、舌の先で「トゥッ」と強く息をはきますが、went の /t/ は、息をはきださず、舌は歯ぐきのところでストップさせるのが基本なのです。

ところが、ほとんどの人は、/t/ の音が（少なくとも）２つある、ということを習っていないので、

I went to school.

これを「アイ・ウェントゥ・トゥ・スクール」のように発音してしまいます。
正しい発音は「アィ・**ウェン**・トゥ・スクール」。 went は、「ウェン**トゥ**」ではないのです。

L の音も、２つある？

L の発音でも同じです。late と people をくらべてみましょう。

late /leɪt/　　people /piːpəl/

late の /l/ を発音するのと同じように、people の /l/ を、舌をつけて発音していませんか？
じつは、L の音には、舌をつけて発音する「あかるい L」と、舌をつけなくてもいい「くらい L」の２つがあります。people の /l/ は、「くらい L」なので、舌をつけずに発音するネイティブも多いのです。

しかし、発音記号には表記のちがいはありません。L の音は２つあって、音節の終わりの L は舌をつけて発音しなくてもいい、ということも、あまり知られていません。そのため、L の音はかならず舌を上につけるもの、と思いこんで、舌が筋肉痛になるほど、発音練習する人があとをたたないのです。

通じる子音の発音のカギは、音節の理解から

こうした発音記号の誤解は、英語の音のしくみ（音節）を理解していないことから起こります。英語の子音はどれも、音節のはじめにあるときと、終わりにあるときとで、すこし発音のしかたが変わります。とくに、終わりの子音の音は、日本の人が思っているよりも、ずっと小さな音であることが多いのです。

それなのに、正しく発音しようと、ひらがなを読むようにすべての発音記号を「はっきり」発音したらどうでしょう。ほとんど発音しない「終わりの子音」まで強調しすぎて、かえって通じにくい英語を話すことになってしまいます。

子音の発音は、音節を考えながら練習しないと、効果的ではないのです。

ネイティブの英語は、どうしてはやく聞こえる？

日頃、「ネイティブの英語は、早口で聞きとれない」と思っている人も多いでしょう。
でも、それは、ただの早口ではありません。英語の子音には、しっかり発音する音と、弱く省略する音があるのです。そのことを知らずに、ネイティブのまねをして、とにかく早口で話そうとがんばってしまうと、ダダダダッとマシンガンを連射するような、聞きとりにくい英語になってしまいます。

本書では、日本の人がまちがいやすい英語の子音に注目して、らくに発音する方法と、正しい省略のしかたを紹介しています。あるていど英語を学習した人でも、目からウロコが落ちるような、発音のコツも集めました。どこを省略するかがわかることで、自分のスピーキング能力が上がるとともに、ネイティブの英語も、驚くほど聞きとれるようになります。

バイリンガルのアリーとファジーの発音を聞きながら、いっしょに練習してみてください。英語の音節のしくみが自然に身について、聞きとりやすい通じる英語が、無理なくかんたんに話せるようになるはずです。

最後になりましたが、『あいうえおフォニックス』を応援してくださるすべての人に、心から感謝しています。この本をこうしてたくさんの人に読んでいただけるのも、みなさんのおかげです。ほんとうにありがとうございます。

スーパーファジー

本書もくじ

フォニックス・コラム

※本書では、「破裂音」と「はれつ音」など、本文と画像内の表記が異なることがあります。

Rの発音は、舌を巻かなくてもいいの？

Rの発音①
(音のはじめにあるR)

Rの発音がじょうずになるには、どうしたらいいの？

Rは、日本語にない音だから、苦手に思っている人が多いよね。「Rはかならず舌を巻く」というように習った人も多いんじゃないかな。でもじつは、舌を巻かなくてもRの発音はできるし、単語のなかのRがある場所によっても、発音は変化するんだ。

Rがある場所？

そう。Rが音節（音のまとまり）のどこにあるかによって、発音のしかたやコツが変わるんだよ。

まずどこにrがあるかな？

日本語は、ネコ（ne ko）や、ひと（hi to）のように、「子音＋母音」が音の基本だけど、英語はcatやmanのように「子音＋母音＋子音」が基本なんだ。まずは、自分が発音したいRが、音節のどこにあるか、3つにわけて考えてみよう！

3つ？

Rの発音には、3つのパターンがあるよ！

そう。1つ目は、**①音のはじめにあるR**。

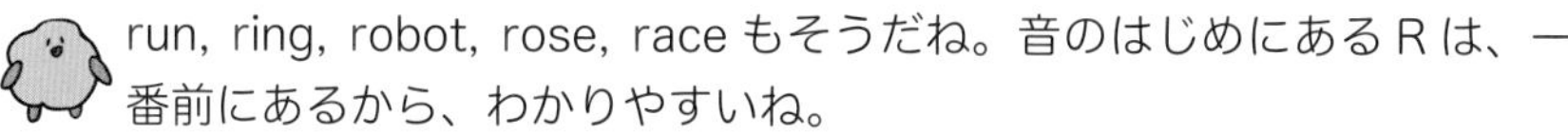

run, ring, robot, rose, race もそうだね。音のはじめにあるRは、一番前にあるから、わかりやすいね。

うん。そして2つ目は、tree, dry, frogみたいに **②子音にくっついたR**。これは、tr-, dr-, fr- のように、子音がいくつかまとまって、母音の前にあるのがポイントだよ。

たしかに、drink, great, press, trip, prize, craft のように、子音にくっついたRはいっぱいあるね。

3つ目は、car, turn, fork のように、**③母音にくっついたR**。日本の人が、発音を一番まちがいやすいのは、このRだよ。ほんとうは子音なのに、母音のあとにくっつくと、ひとかたまりで母音みたいな音になるんだ。

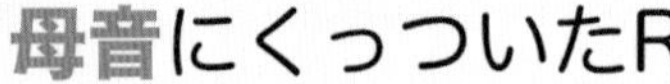

母音のあとのＲは、要注意！

そう。だけど、母音のあとにＲがあるからといって、いつも母音にくっつくわけじゃないから注意してね。

どういうこと？

たとえば、serious っていう単語を見てみよう。r は母音 e のすぐうしろにあるけど、音節で区切ると、se（シ）-ri（リ）-ous（アス）になるんだ。

se-ri-ous。こんなふうに、３つの音にわかれているんだね。

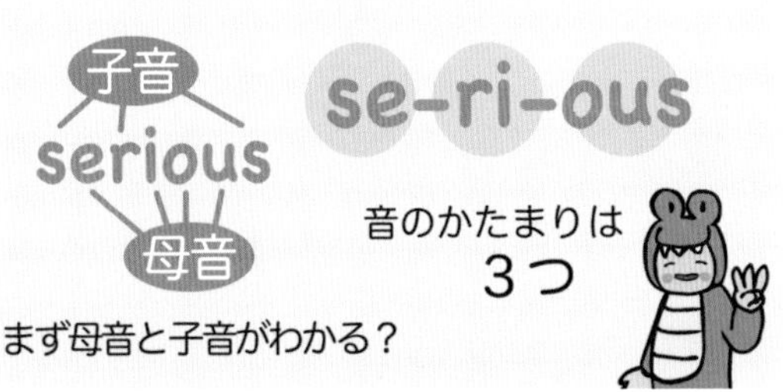

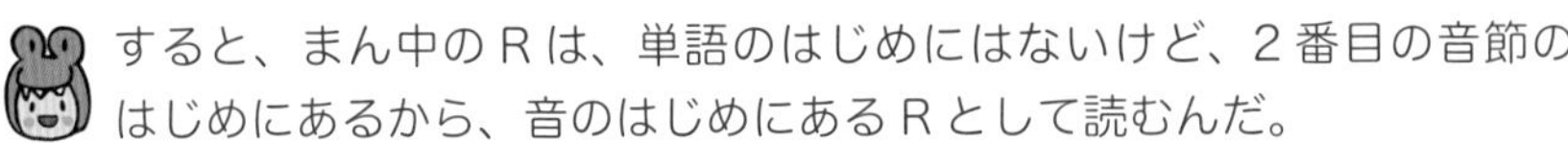
すると、まん中のＲは、単語のはじめにはないけど、２番目の音節のはじめにあるから、音のはじめにあるＲとして読むんだ。

そっか。音節が大事なんだね。でも、どこで音節がわかれるのか、どうしたらわかるの？

まず、耳をすまして実際の発音をよく聞くといいよ。オンラインの辞書なら、発音が聞けるから便利だよ。

でも、発音を聞けないときには、辞書で表記をたしかめてみよう。だいたい音のまとまりごとに、小さな点で区切ってあるから、それでチェックするといいよ。

はーい。

音のはじめのR、ポイントは2つ！

音のはじめのRは、この2つのポイントを守れば、だれでもできるよ。

第1のポイント！　**❶舌の先は、どこにもさわらない！**

日本語で「ラリルレロ」って言うときは、舌が上の歯ぐきにくっつくけど、英語のRを発音するときは、舌がどこにもつかないようにするんだ。

舌をどこにもくっつけないで「ラリルレロ」を言おうとすると、へんな音になるね。

このとき、舌は巻きすぎないようにしてね。ぼくは、舌の先をすこし巻くようにすることが多いけど、うしろのほうに、ちょっと持ちあげるだけでもいいんだ。

私は、だいたい巻かないで、すこし持ちあげるだけ。この言いかたは、らくだよ！

第２のポイントは、**❷「う」の口にする！**

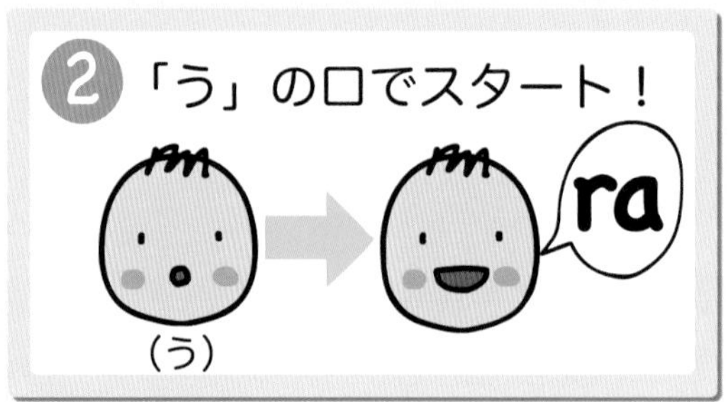

「う」の口で発音するの？

おしい！　「う」の口のままで発音すると、音がこもってしまうよ。Rの音を言いだす瞬間、「う」のようにくちびるをまるくするけど、そのあとは、しっかり口を開けて、母音を発音してね。

よくあるまちがいは、「舌を巻かなくちゃ」と思うあまり、舌を巻きすぎること。

舌が痛くなるし、発音しにくいよね。

それから、「う」の口にすることに集中しすぎて、母音を言うときにも「う」のまま、小さな口で発音しないようにね。

そうすると、R の音が、くらく、こもっちゃうね。

そう。大事なのは、リラックスすること。日本語で「ラ　ラ　ラ」と言うときのように、ちゃんと、あごが下がってるかな？

あごの下に手をおいて発音してみると、どのくらいあごが下がっているかたしかめることができるよ。

あごの下に手をおくと
ちゃんと口が
開いてるかわかるよ！
ra

まず、ra, ra, ra って練習してみよう。

R の音だと思うと、ついつい緊張しちゃうんだよね。

舌もかたく巻きっぱなしにしないで、リラックスしてね。舌やあご、くちびる、ほっぺた、のどに、へんな力が入ってると、自然な音にならないよ。

リラックス、リラックス！

R ではじまる言葉を練習してみよう！

じゃあ、練習してみよう。

あぃ
right

いー
read

うー
root

えぃ
rain

みんな日本語の「ラリルレロ」を言うみたいに、リラックスして言えた？

Rの発音は、ネイティブでも、小さい頃はなかなかじょうずに発音できないこともあるから、あんまり心配しないでね。たとえば、seriousという単語が、sewiousになっちゃう子もいるんだよ。

sewious!　舌を持ちあげるのを忘れると、RはWの音になっちゃうね。

Rを発音するときは、かならず「う」の口でスタートすること。それから、舌の先は……

どこにもさわらない！

そのとおり！

動画でチェック

Rの発音①　音のはじめにあるR

Rの発音は、舌を巻かなくてもいいの？

R
L
TH
T
WH W Y
M N NG
S SH
F V B
破裂音

Tree は「ツリー」じゃない！

Rの発音②
(子音にくっついたR)

②子音にくっついた R は、どうやって発音するの？

これのポイントは、ただ1つ。「う」の口！

え～、また「う」の口なの？　音のはじめの R と同じだね。

子音にくっついたR、ポイントはこれ！

そう。r の前の子音を、「う」って言うようにくちびるをまるくして発音すると、言いやすいんだ。

子音をわけて考えると、わかりやすい！

たとえば、rain と train をくらべてみよう。まず、rain の発音はじょうずにできるかな？

rain は、口をまるく「う」に準備して、舌の先が、歯ぐきのどこにもさわらないように持ちあげてから、「えぃん」って言えばいいんだよね。

(う)
rain
舌はどこにもつかない

そう。舌はすこし巻くようにしてもいいし、持ちあげるだけでもいいよ。

じゃあ、train は、どうするの？

t で、上の歯ぐきをトゥってはじくときに、あらかじめ、くちびるをまるく「う」の形にしてしまうんだ。

(う)
train
くちびるを丸くしたまま
トゥ
と舌をはじく

「t（トゥ）+rain、t（トゥ）+rain、train」のように、t と rain をわけて発音してから、「train」とくっつけると、言いやすいよ。

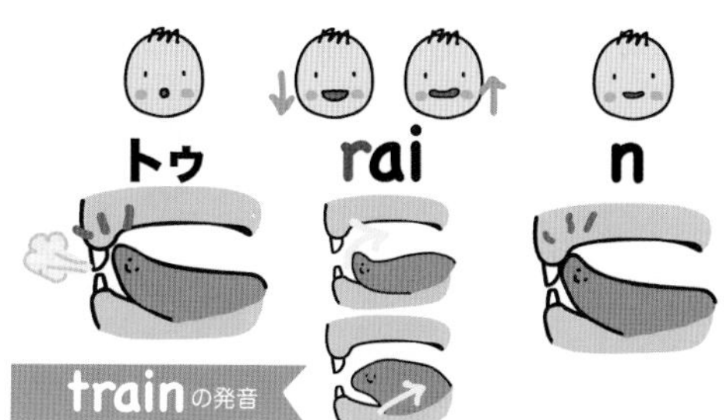
トゥ
rai
n
trainの発音

「トレイン」じゃなくて、「トゥレイン」なんだね。

そう。ほかの子音にrがくっついたときも、同じように口をまるくしてね。たとえば、drinkは、「d（ドゥ）+rink、d（ドゥ）+rink、drink」と練習すると言いやすいよ。

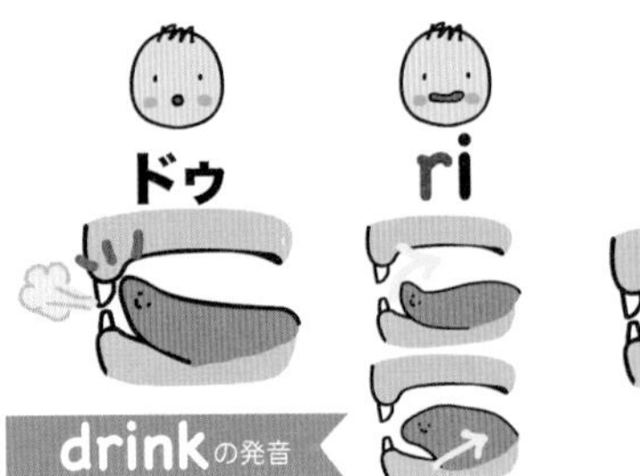

「ドリンク」じゃなくて、「ドゥリンク」！

いろんな子音にくっついたR、練習してみよう！

(う)

tree

(う)

dream

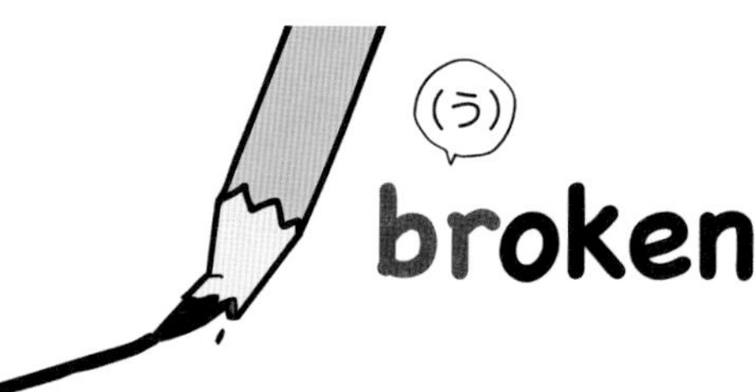

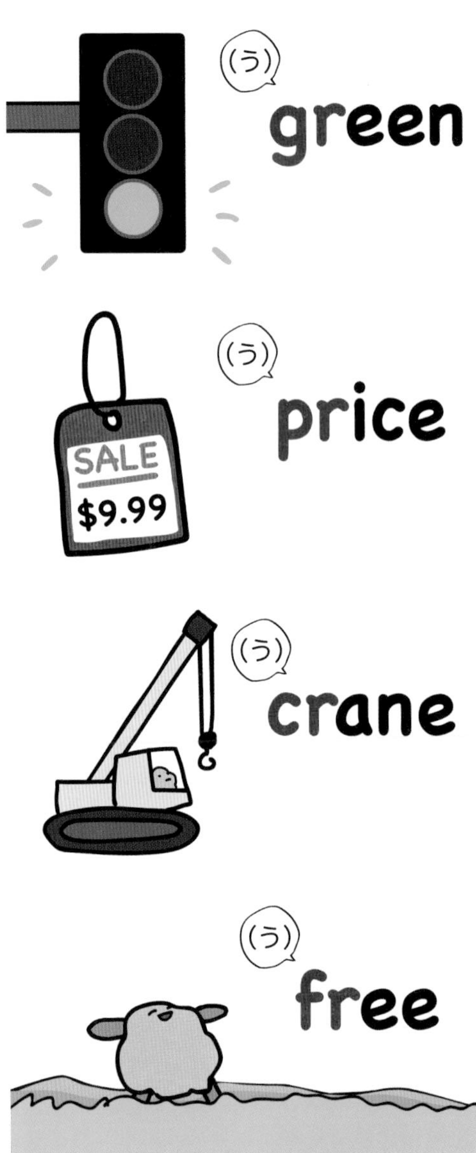

 できた！　子音にくっついたｒは、かんたんだね！

 ちなみに、ｗとｒがくっついたら、ただのＲと同じ発音になるよ。

write ＝ right
（あい）　（あい）

同じ音

ほんとだ。write と right は同じ音なんだね。

日本語にはたくさん同音異義語（「性格」と「正確」など）があるけど、英語にもいっぱいあるから、みんなもさがしてみてね！

● 子音にくっついた R の音は、慣れてくると、そこまで口を「う」にしなくても発音できるようになるかもしれません。その場合は、あまり「う」にこだわる必要はありません。

bed—bread、tip—trip、dye—dry を交互に発音するとわかると思いますが、R の音が入っている場合は、舌の位置を変える（すこし巻くか、持ちあげる）だけでなく、すこし口もとをまるくすることで、発音しやすくなります。

大事なのは、無理なく、らくに発音できる口の形を見つけること。「う」はそのための目安です。みなさんも、ご自分がリラックスして発音できる口の形を、いろいろためしてさがしてみてください。

● train を「チュレイン」、tree を「チュリー」というように、tr- の音を ch- で発音するように指導される方をときどき見受けますが、tr- の音は ch- の音とはちがうので、まずは、t-rain、t-ree のようにわけて練習して、徐々に音をブレンドしていく方法をおすすめします。

動画でチェック

Rの発音②　子音にくっついたR

子音にくっついた R の発音はかんたん！

子音なのに、母音みたいなR?

Rの発音③

(母音にくっついたR)

ねえファジー。a, i, u, e, oにRがくっついたら、なんて発音すると思う？

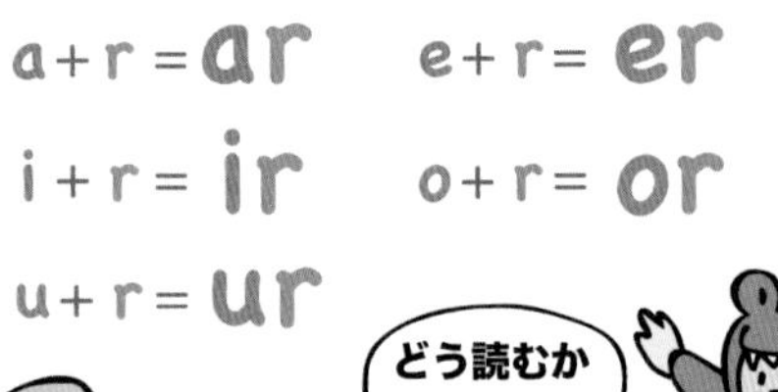

「あ・い・う・え・お」にRをくっつけるの？

たとえば、aとrがくっつくと、carとかfarの……

あかるい「あー」の音！

正解！

じゃあ、oとrがくっつくと、どうなるかな？　cornとかforkの……

corn
or
fork
おー

「おー」の音！
ということは、ir, ur, er は、それぞれ「いー」「うー」「えー」？

残念！

日本の人が発音をまちがいやすいのは、これ！

ir ur er は
くらい あー
いー、うー、えー
じゃなかった！

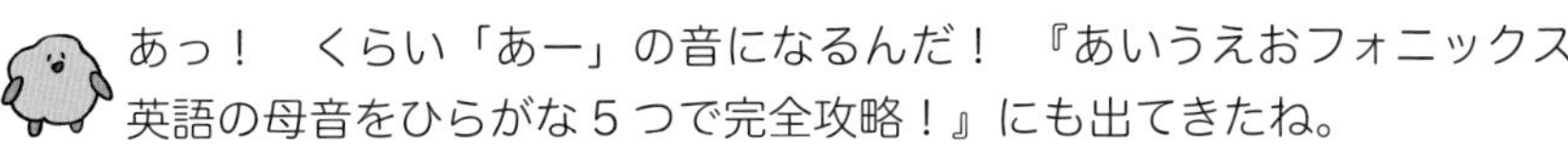

あっ！　くらい「あー」の音になるんだ！　『あいうえおフォニックス　英語の母音をひらがな５つで完全攻略！』にも出てきたね。

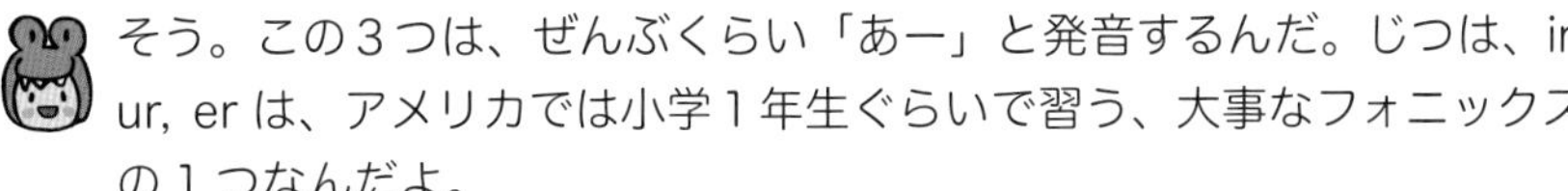

そう。この３つは、ぜんぶくらい「あー」と発音するんだ。じつは、ir, ur, er は、アメリカでは小学１年生ぐらいで習う、大事なフォニックスの１つなんだよ。

たとえば、fir（モミの木）と fur（毛皮）。

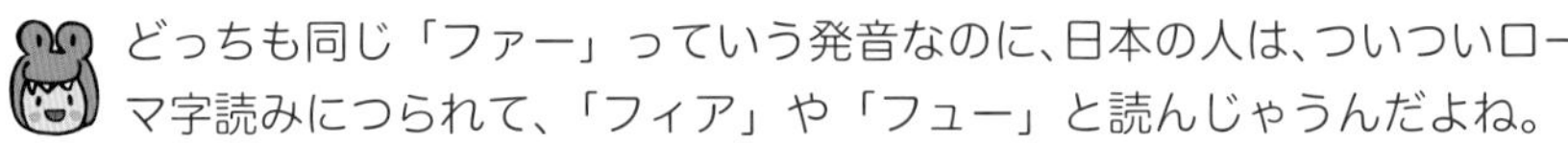
どっちも同じ「ファー」っていう発音なのに、日本の人は、ついついローマ字読みにつられて、「フィア」や「フュー」と読んじゃうんだよね。

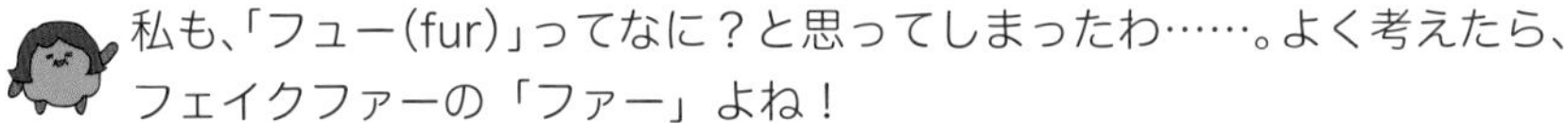
私も、「フュー(fur)」ってなに？と思ってしまったわ……。よく考えたら、フェイクファーの「ファー」よね！

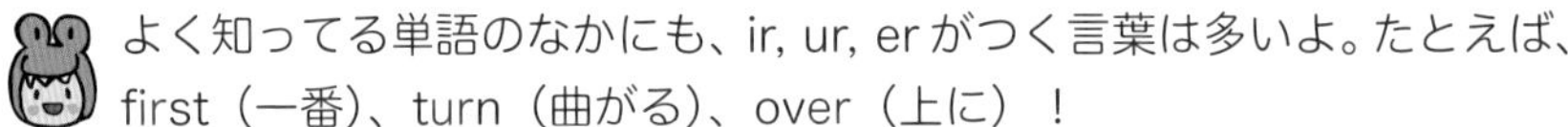
よく知ってる単語のなかにも、ir, ur, er がつく言葉は多いよ。たとえば、first（一番）、turn（曲がる）、over（上に）！

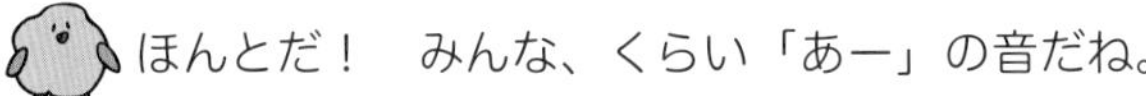
ほんとだ！　みんな、くらい「あー」の音だね。

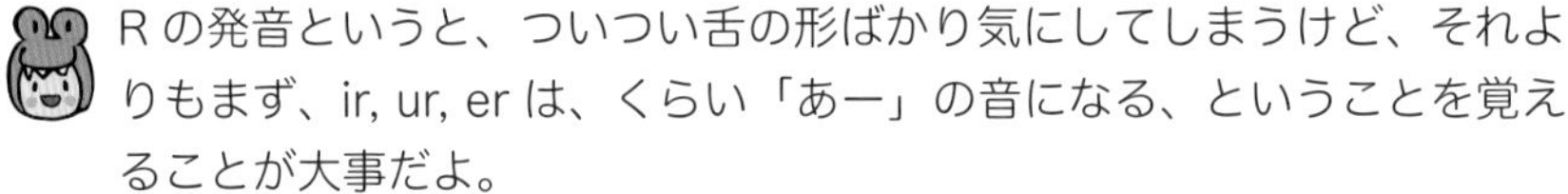
R の発音というと、ついつい舌の形ばかり気にしてしまうけど、それよりもまず、ir, ur, er は、くらい「あー」の音になる、ということを覚えることが大事だよ。

ir は、とくに「いぁ」と言いたくなっちゃうね。ところで、ir は、いつでもくらい「あー」の音になるの？

ir でくらい「あー」の音にならないのは、こんなとき

残念ながら、ir ならいつもくらい「あー」になるというわけじゃないんだ。たとえば、i と r が音節でわかれるとき。

ir でくらい「あー」と読まないとき

iron　i·ron

direct　di·rect

i と r が音節でわかれるとき

それから、air で「えぁ」と発音するとき。

air

fair

air で「えぁ」と読むとき

さらに、ire で「あぃぁ」と発音するとき。

ire

fire　wire

サイレントE のとき

単語の頭に ir- がくっついて、もとの言葉の反対の意味になるとき。

irregular

irresponsible

ir がついて反対の言葉になるとき

いろいろあるんだね。こんなに覚えられないかも……。

大丈夫！　英語に慣れるうちに、だんだんわかってくるよ！　今回はまず、くらい「あー」の音になる、R の言葉を覚えよう！

くらい「あー」の発音のしかた

ところで、くらい「あー」は、どうやって発音するの？

口はあまり大きく開けすぎないで、リラックスして、「あ」と言ってみよう！

イギリス式の発音だと、「あー」と音をのばすとき、舌は完全にリラックスして、下あごのところで、だら～んとしているよ（舌の先は、下の歯にくっつけたまま動かない）。そのまま声に抑揚（イントネーション）をつけて、高い音から低い音に「あ～」とスライドするように発音するんだ。

口を大きく開けない
舌はまったく巻かない
あー
イントネーション
（高音→低音）

イギリス式は、舌を動かさないから、らくだね！

アメリカ式も、口をあんまり開けないのは同じだよ。でも、舌の先を、口の中のどこにもさわらないように持ちあげるんだ。

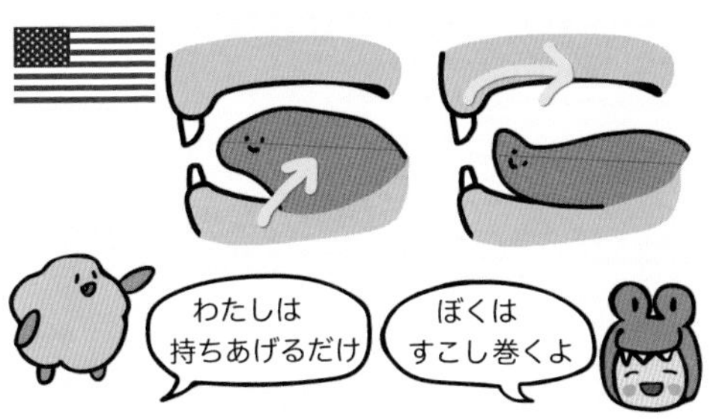

あんまり舌を巻かなくても、ちゃんと「あー」の音になるから、がんばりすぎないようにね。みんな、いろいろためして、リラックスして発音できるように、自分の言いやすい舌の位置をさがしてみよう。

それから、口を大きく開けすぎたり、「う」や「お」を発音するときのようにくちびるが緊張していると、自然な音にならないよ。口はうすく開いているだけで、ほっぺたにもへんな力が入らないようにしてね。

くらい「あー」の単語を練習してみよう！

thirty

30

Thursday

日 月 火 水 木 金 土
SUN MON TUE WED FRI SAT

spider

learn

いろんなスペリングがあるけど、みんな同じ、くらい「あー」の音になるんだね。

そう。それから、あかるい「あー(ar)」や、「おー(or)」のときも、「あ」と「お」の音のあとに、同じようにRをつづけるだけだよ。

イギリス式は、arも、orも、母音にくっつくRは、いつも舌を巻かないんだね！

そうだね。アメリカ式でも、あんまり舌をかたく緊張させないほうが、自然な発音になるよ。

それから、日本語は「あいうえお」しか母音がないけど、英語では、「えぃ(ai ay)」とか、「あぅ(ou)」「いー(ee, ea)」みたいに、２つ以上の文字や音がくっついて１つの母音になることもあるんだ。「いぁ(-eer, -ear)」「えぁ(-air, -are)」の発音も、動画でチェックしてみてね。

動画でチェック

Rの発音③　母音にくっついたR

Rが母音にくっつくと、母音になっちゃう？

※複数の QR コードが近くにあるときは、読みとりたい QR コード以外を指などでかくしてから
スマホをかざすと、うまく読みとれます。

heartとhurtの発音（あかるい「あー」とくらい「あー」のちがい）

hurt の「あー」ができないときは、口を開けすぎかも !?

あかるい「あー」arのフォニックス

あかるい「あー」はかんたん！

くらい「あー」irのフォニックス

girl も bird も first も、そう言われてみれば同じ音。

くらい「あー」urのフォニックス

くらい「あ」u の音を覚えていたら、ur はかんたん！

くらい「あー」erのフォニックス

一番カンタンな、くらい「あー」はこれ。

「おー」orのフォニックス

or は、舌を巻いても巻かなくても、どっちでもいいよ。

「いぁ」と くらい「あー」eer, earのフォニックス

ear は、くらい「あー」の音になることがあるよ。

「えぁ」air, areのフォニックス

「えぁ」は、ひとかたまりで発音してね。

Lには、「あかるいL」と「くらいL」がある!?

Lの発音①
(あかるいL)

Lではじまる単語は、むずかしく考えなくても大丈夫だよ。日本語の「ラリルレロ」のように発音しても、通じることが多いんだ。

たとえば、light は、「ラ・イ・ト」と発音しないで、「ライッ」と言えば、Lの音が日本語の「ラ」のようになっててもだいたい通じるよ。

じゃあ、Lは「ラリルレロ」と同じなの？

そうだとらくなんだけど、じつはちょっとちがうんだ。鏡があるとわかりやすいから、用意してみよう。

あかるいLの舌を、鏡でチェック！

まず基本のLの発音のしかたは、これ。

あかるいL
口はすこし開ける
舌は前のほうなら
だいたいどこでもOK

口をすこし開けて、舌を、上の歯のうら側か、歯の根もとのほうにくっつけるんだ。このとき、舌の先をちょっととがらせてもいいよ。

そのまま、鏡を見てみよう。上の歯と下の歯のあいだに、舌のうら側がチラッと見えてるかな？

舌のうら側？

味を感じるほうじゃなくて、その反対の、血管が見えるほうだよ。

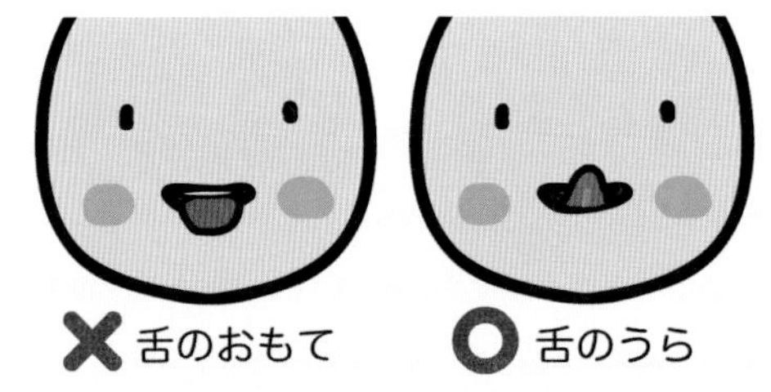
✕ 舌のおもて
○ 舌のうら

歯のすきまから、舌のうら側が見える？

見えた！

じゃあ、舌はそのままの位置で、「LLLLL」って声を出してみよう。

LLLLL・・・
Lは、くらい音がするね

くらい「う」のような音が、舌の横から出てくるね。

そう。この、くらい音がLの音なんだ。そのまま口を開けながら、舌をはじくように、LLLa, LLLa, LLLa と発音してみよう。

できた！

ちなみに、日本語の発音で「ラララ」と言っても、舌のうら側はぜんぜん見えないよ。

ほんとだね！

Ｌの音は「タメ」がある

英語のＬの音のほうが、日本語の「ラ」よりちょっと「タメ」がある感じなんだ。

口を開けるときに、ちょっとおくれて舌を動かす感じかな。

あかるいＬの単語を練習してみよう！

 みんな、あかるいＬの発音できたかな？

Lの音は2つある!?

いま練習したこのＬの発音は、「あかるいＬ(light Ｌとか clear Ｌ)」と言われることが多いよ。

音節（音のまとまり）を考えてもらうとわかりやすいけど、like, live, look, late, lost や、lemon, sleep, fly みたいに、母音の前にあるＬは、「あかるいＬ」の音になるんだ。

……ということは、「くらいＬ」もあるの？

そのとおり！　pool, full, ball, call, novel, milk のように、母音のあとにつづくＬは、くらくて、あいまいな音になるから「くらいＬ（dark Ｌ)」と呼ばれるよ。

Ｌの音も、母音の前とうしろで音が変わるんだね。

そう。Ｒと同じように、音節のはじめの音なのか、終わりの音なのかによって、発音が変わるんだ。

girl や people のような、日本の人が苦手な L は、くらいほうの L なんだね。

そう。カタカナで書いたとき「〜ル」で終わる外来語は「くらい L」になることが多いよ。

動画でチェック

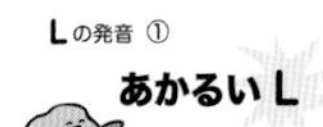

L の発音①　あかるい L

母音の前にある L は、「あかるい L」！

そのほかの子音の発音 ①

このコーナーに、子音の読みかたの手がかりをまとめました。
英語の発音は例外が多く、つづりを覚えるのはたいへんですが、こちらを参考にしてください。
(母音には「サイレント E」という無音になる E がありますが、子音にも、無音になるものがたくさんあります。そちらもあわせてチェックしてください。)

B

基本は /b/。

無音の b。(例：climb, comb, debt, doubt, subtle, tomb, thumb など)

C

おおまかには、/k/ と /s/ の発音がある。

/k/ ：ca, co, cu など。(例 ：call, come, cool, cup, class, cry など)
-c, -ck で終わる単語。(例：economic, music, tack, back, black など)

/s/ ：ce, ci, cy（例 ：center, certain, circle, city, cycle など）
または、-ce で終わる単語。（例 ：dance, face, nice, place など）

c のあとに母音が 2 つ以上つづくときは、/ʃ/（例 ：delicious, social, special など）または /s/ になる。（例 ：society, conceal など）

muscle の c は無音。

「くらいL」の発音は、口を閉じるのを忘れないで

Lの発音②
(舌をつけた、くらいL)

英語の pool や ball の発音は、カタカナの「プール」や「ボール」とはちょっとちがうふうに聞こえるんだけど、どうやって発音すればいいの？

ああ、その L は、「くらい L」と言われる音だね。「くらい L」の発音をマスターしたかったら、鏡と定規（じょうぎ）を用意してね。

こんどは、定規もいるの？

なくてもできるけど、あったほうがわかりやすいよ。

「くらい L」の発音のポイントは2つ！

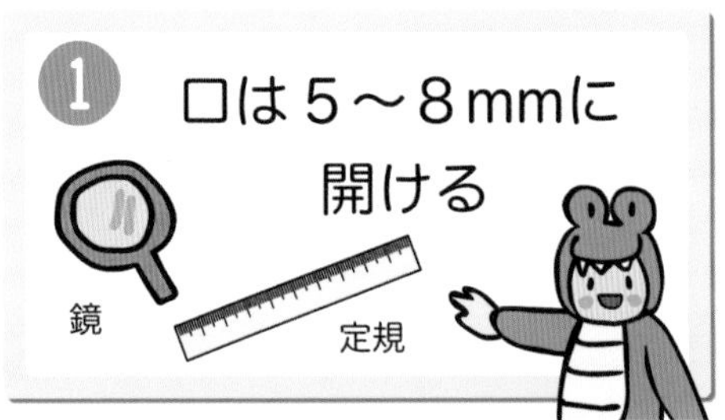

第１のポイントは、口を開ける高さだよ。口をリラックスさせたまま、５～８mm ぐらいに、うすく開けてみよう。

５～８mm ？　その高さじゃないとダメなの？

ダメじゃないけど、「くらいL」を発音しやすいのは、ちょうどそのくらいだよ。いろいろためしてみたんだけど、5mmよりせまいと閉じすぎで、1cmぐらいだと、ちょっと開けすぎな感じがするんだ。
もちろん、ネイティブの人たちは、いちいち「なんmm開ける」と考えながら発音しているわけじゃないけどね。みんなも、どのくらいの高さがちょうどいいか、一度わかったらもう定規はいらないよ。

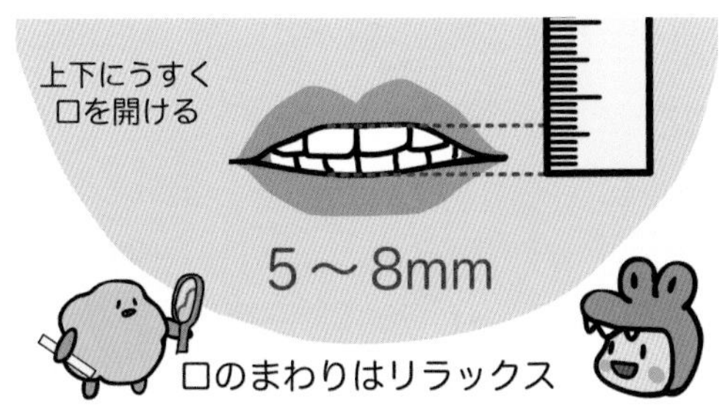

すこしだけ口が開いてる、っていうことね。

というか、じつは「くらいL」の音は、音節の終わりの音だから、口が閉じかかっているときに出る音、っていうことなんだ。
このとき、「う」や「お」のときのように、口をまるめないように注意してね。口のまわりの筋肉は、完全にリラックス。口が完全に閉じる前の「ちょっとすきまが開いている感じ」が大事なんだ。

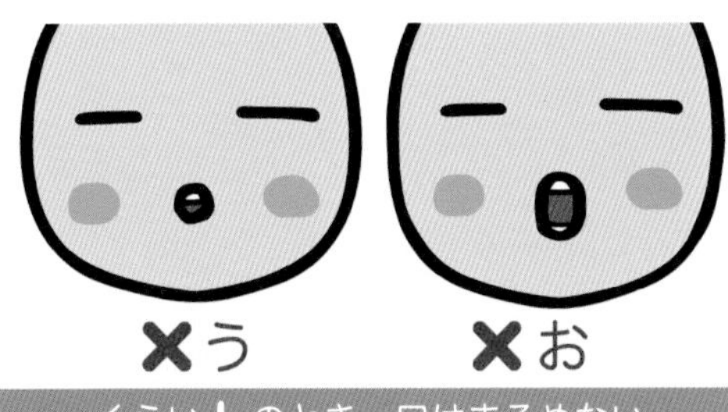

×う
×お
くらいLのとき、口はまるめない

口が閉じるちょっと前、の感じね。

そして今度は、口の形はそのままで、舌全体を上に持ちあげるよ。そうすると、舌の先は、上の歯の根もとのあたり、「歯ぐきのかたまり」のような、ボコボコしたところにぶつかるよね。
口がそんなに開いてないから、舌の先を無理にのばさなくても、すぐに

くっつくはずだよ。

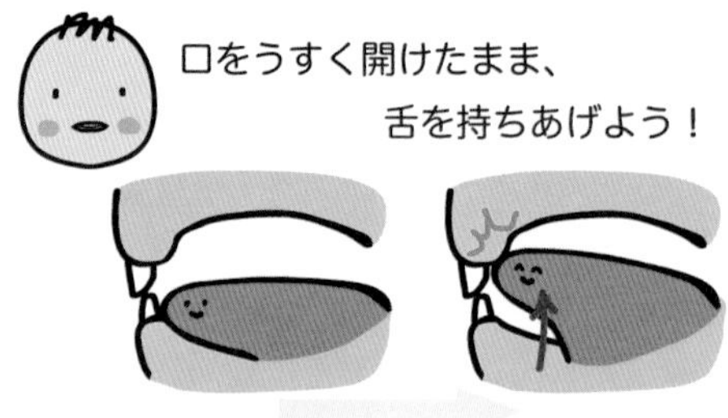

口をうすく開けたまま、
舌を持ちあげよう！

うん。すぐ歯ぐきにくっつく！

もし、口を閉じるのを忘れたままLを発音しようとすると、舌をうんとのばさなきゃいけないから、舌が痛くなっちゃうんだ。

そこに、そのままくっつけて息を出すと、「L（う）・L（う）・L（う）」って音が出るよ。

この口の形を、「くらいL」の口だと覚えていてね。

第2のポイントは、母音となめらかにつなげること！

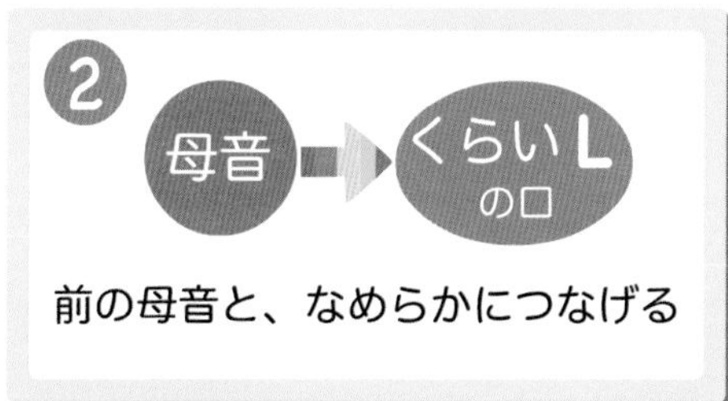

ためしに、L /el/ って発音してみよう。
まず口を開けて「え」。それからさっきの「くらいL」の口で「L(う)」。

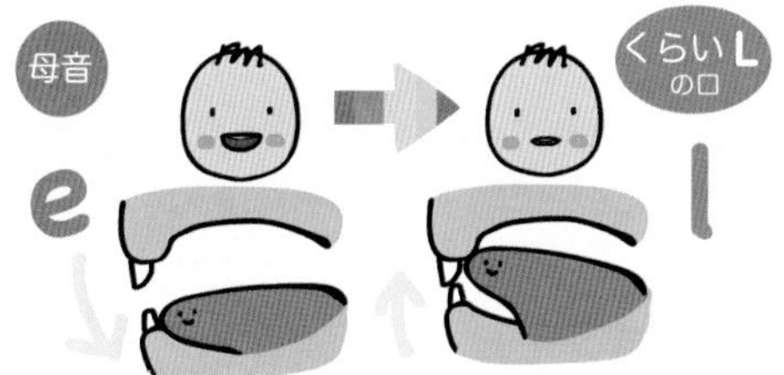

2つの音を、なめらかにつないでみよう

Lのときに、ちゃんと口を閉じているかな。

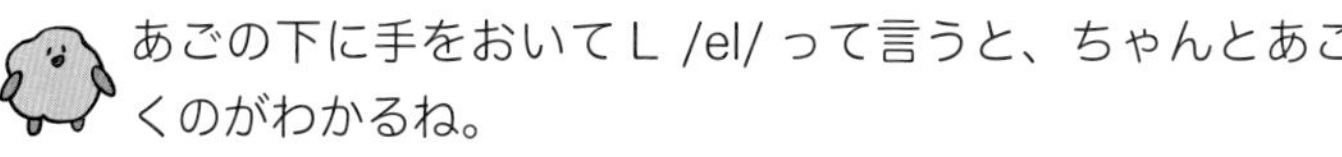
あごの下に手をおいてL /el/ って言うと、ちゃんとあごがもどっていくのがわかるね。

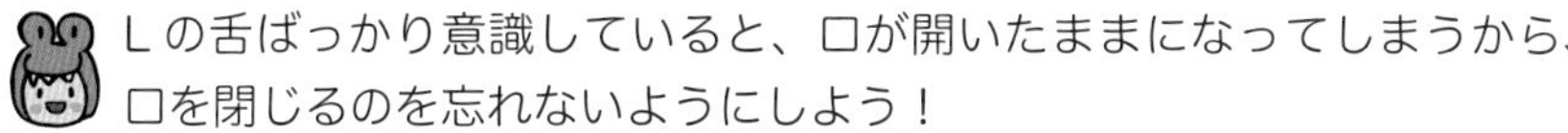
Lの舌ばっかり意識していると、口が開いたままになってしまうから、口を閉じるのを忘れないようにしよう！

「L(う)」の音で、ちゃんと口をせまくするのがポイントなんだね。

「くらいL」の単語を練習してみよう！

all のときも同じ。「おー」の口から、くらい「L（う）」にじょうずにつなげてね。

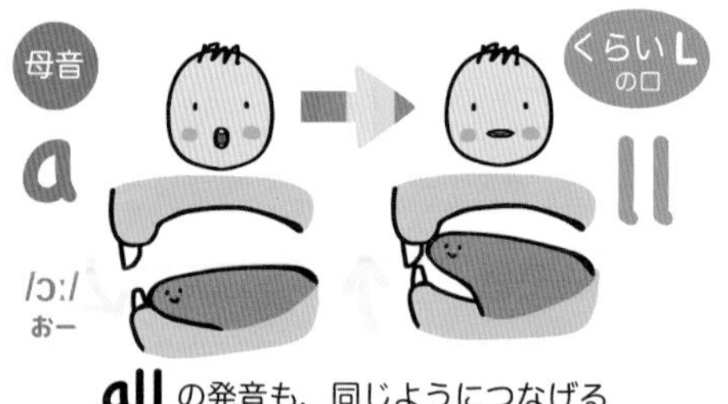

all の発音も、同じようにつなげる

日本語風に言うと、ついつい「コー・ル」「トー・ル」って、わけて発音してしまいがちだけど、ちゃんと1音節で1つにつなげられたかな？

1音節

ひとまとめで
発音してね！

舌をつけない「くらいL」もある!?

「くらい L」の音は日本語にないから、ちょっとむずかしいね。

じつは、アメリカでは「くらい L」の音を、舌を歯ぐきのうらにつけないで発音する人も多いんだ。

えっ、L なのに、舌を歯ぐきにつけないの？

舌をつけない「くらい L 」は、つぎの章で説明するから、見てみてね！

動画でチェック

Lの発音②
くらいL
(舌をつけた dark L)

Lの発音②　舌をつけた「くらいL」

音節の終わりのLは「くらいL」！

「おー(る)」all のフォニックス

a だけど al と all は「おー」って読むよ！

peopleのLは舌をつけない？

Lの発音③
（舌をつけない、くらいL）peopleの発音

歯ぐきのうらに舌をつけないLがあるの？

うん。たとえば、people のLは、舌をつけないで言うことが多いよ。

people の発音はむずかしいから、いつも「ピープル」か「ピーポー」か、まよってるんだけど。

「ピープル」とか「ピーポー」と発音している人は、まず、口の形がまちがっているよね。

Lの発音は、口の形が大事！

あっ、そうか！　「くらいL」の発音のときは、口のまわりをリラックスさせて、5～8mm 開けるんだった！

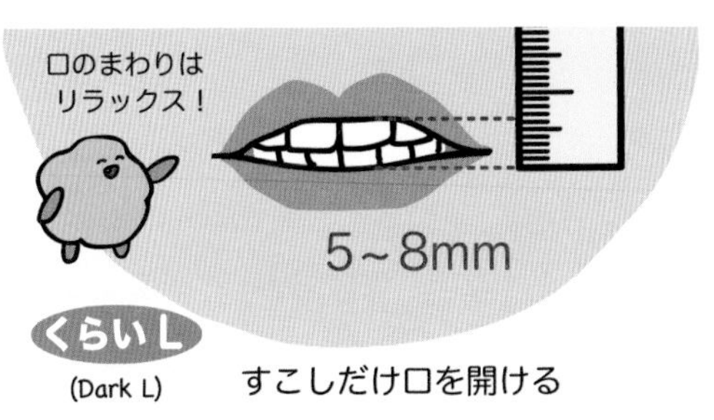

このとき舌は、どうすればいいの？

舌のことはあんまり深く考えないで、適当でいいんだよ。

えっ、適当でいいの？

うん。前回練習した、あいまいな弱い「う」のような、「くらい L」の音を覚えているかな？

一般的には、舌をうしろのほう（のどの奥のほう）にスライドさせるような感じで「L（う）」と発音することが多いけど、人によっては、舌を持ちあげて、口の奥の空間をせまくして「L（う）」と言う人もいるし、舌を宙ぶらりんにして「L（う）」って言う人もいるんだ。

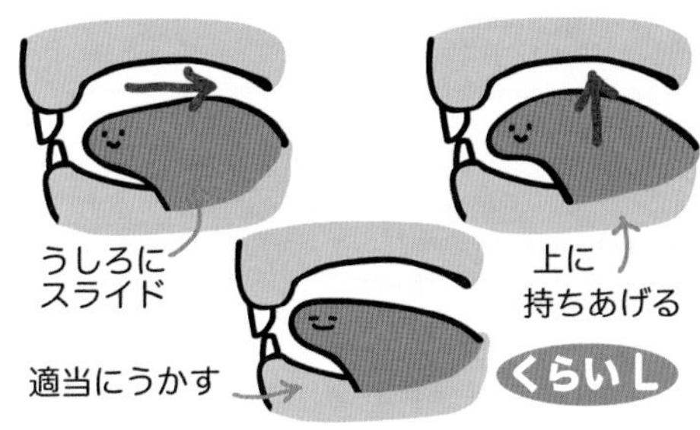

適当でいいんだったら、らくだね〜。

このとき大事なのは、口の形だよ。口はまるくしないでリラックス、どちらかと言うと、横にうすく開いている感じにしてね。

Lの音がRの音のようにこもってしまう人は、舌を巻いていたり、口をまるめたりしていることがあるから、注意しよう。

とにかく、短く弱く、あいまいに発音するのがポイントだよ。

ほんとだ。口をまるくすると、Rみたいになっちゃうね。

peopleの発音を練習しよう

じゃあ、まずは、pleを練習してみよう。

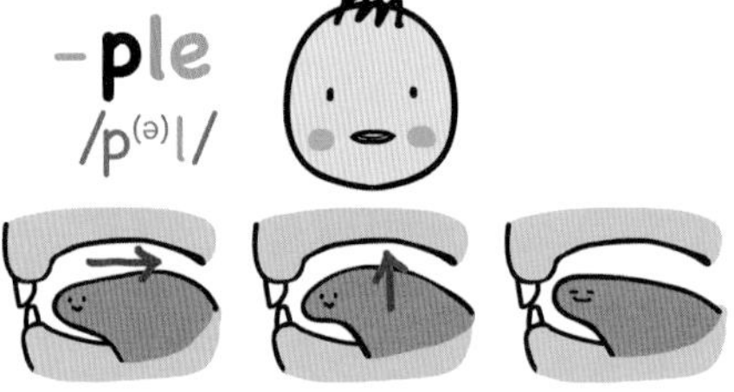

こんどは、peoとpleをくっつけて発音してみよう。peoのほうにアクセント（ストレス・強勢）があるから、pleはサクッとおまけのような感じで、軽く発音するよ。

舌をつけない、くらいL（-le）の発音を練習しよう

apple

staple

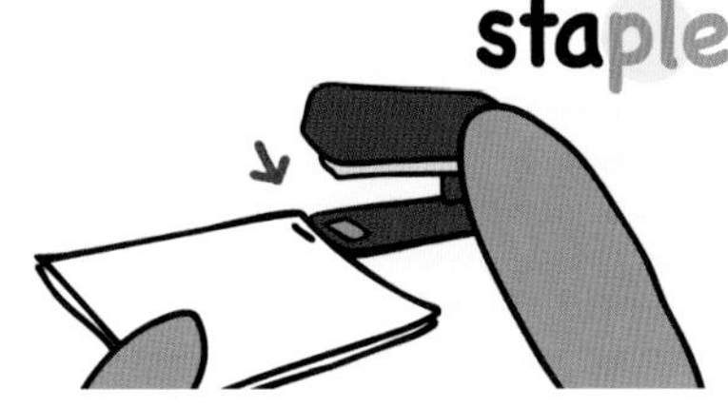

bubble

double

vegetable

vehicle

circle

triangle

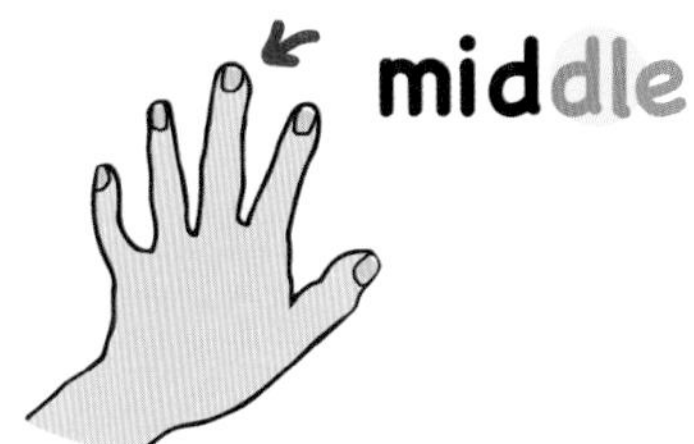

舌をつけない､くらいL(-al, -all)の発音を練習しよう！

それから al や all の言葉も、舌をつけないで言うことが多いよ。

舌をつけないで言うのは、らくだね〜！

そうだね。でも､「くらいL」のあとに､さらに母音が続くようなときは､ちゃんと舌をつけて発音するから注意してね。

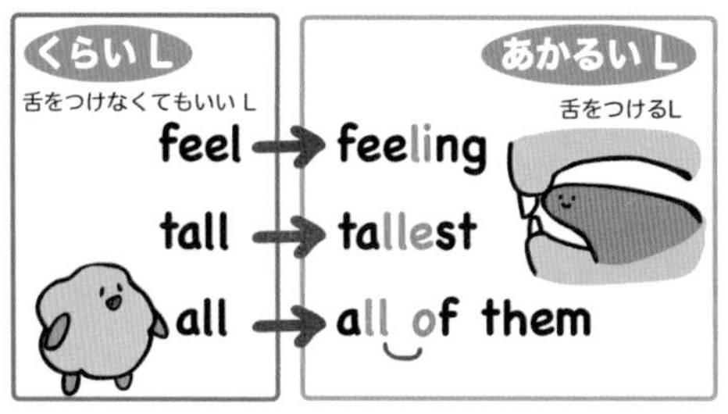

そうなんだ。じゃあ､「あかるいL」か「くらいL」かわからないときは、舌をつけて発音すれば、まちがいないということね。

そういうこと！

動画でチェック

Lの発音③　舌をつけない、くらいL people の発音

「くらいL」は、舌をつけなくてもいいの？

「おー（る）」all のフォニックス

a だけど、al と all は「おー」って読むよ！

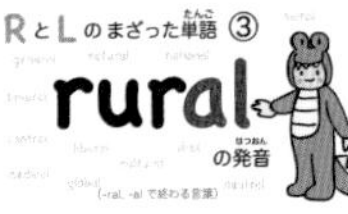

rural の発音　-ral, -al の発音

r と l のまざった単語もかんたん！

そのほかの子音の発音 ②

CH

/tʃ/：一般的なフォニックスでは、ch や tch はチャ・チ・チュ・チェ・チョのような音をつくる、と習うことが多い。（例：chair, chocolate, lunch, catch, watch など）

/k/：（例：chemical, school, stomach, technology など）

/ʃ/：（例：brochure, champagne, chef, machine など）

D

基本は /d/。

過去形の -ed は、無声音（/f/, /k/, /p/, /s/, /ʃ/, /tʃ/, /θ/）のあとは、/t/ になる。（例：laughed, worked, helped など）

/dʒ/：-dg（例：bridge, edge, knowledge など）

　　–du（例：education, graduate, individual など）

and の d は省略されることが多い。本書「and の発音」の章を参照してください。

音の構造がわかると発音できる！

RとLのまざった単語 realの発音

R と L の発音に慣れたら、R と L がまざった単語、real を練習してみよう。

子音＋母音＋子音、の音節のまとまりで考えると、r ＋ ea ＋ l にわけられるよね。１つずつ復習しながら、発音してみよう。

音のはじめのR、覚えてる？

まずは、はじめの R はどうやって発音するんだっけ？

R は、舌の先を、どこにもくっつけないようにするんだよね。

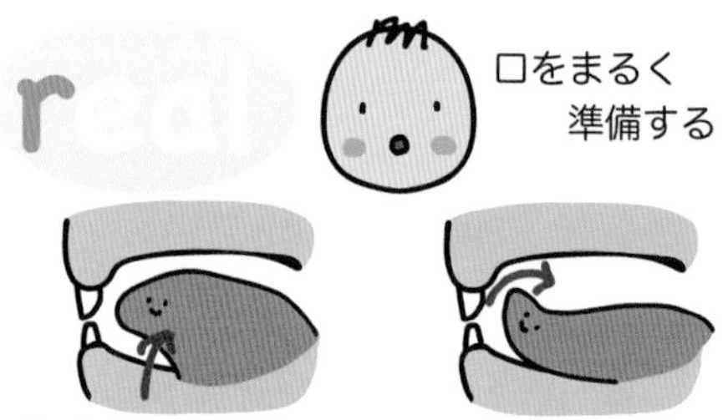

舌は持ちあげるだけでも、巻いても、どっちでもいいよ

そう。それから「う」と言うみたいに、口をまるめるのを忘れないでね。

このとき、ぼくはすこし舌を巻くけど……。

私は、ぜんぜん巻かないで、上にちょっと持ちあげるだけ。

母音ea(いー)をくっつけて、rea-の発音を練習しよう

そこから一気に、口を横に引っぱって、ea（いー）と言ってみよう。

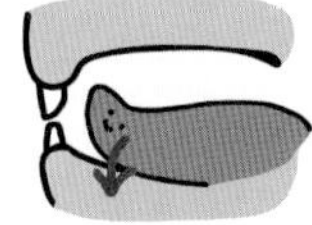

reaと言いながら、舌はもとにもどす

ぼくみたいに、Rで舌を巻いてスタートした人は、このea（いー）と言うときに、舌をリラックスさせるのを忘れないでね。巻いたままでea（いー）と言うと、「rrrrrrr ィ———」って、こもった音になっちゃうよ。

じゃあ、Rで舌を巻くといっても、ずっと巻いたままじゃないんだね。

そう。巻くのはRの最初だけ。それに巻きすぎないように注意してね。read, reach, reasonのreaも、同じように発音するよ。

最後の「くらいL」につなげよう

最後は、くらいL！
引っぱられたゴムが、手をはなすと自然にもとにもどる。そんな感じで、

無理に力を入れないで、口をもとの形にもどしてね。

口の形だけ見ると、「う」から「いー」のあと、力を抜いてリラックス。

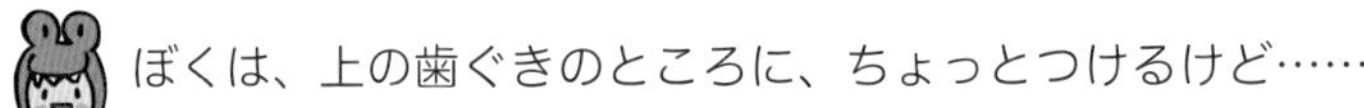
ぼくは、上の歯ぐきのところに、ちょっとつけるけど……

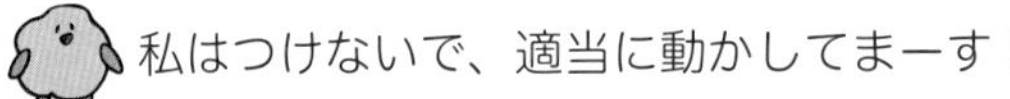
私はつけないで、適当に動かしてまーす！

カタカナで「リアル」と言うように、最後の口がまるくならないように注意してね。じゃあ、音をよく聞いて、real の発音を練習してみよう！

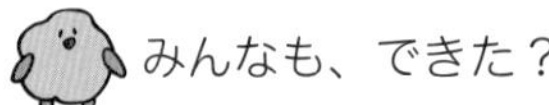
みんなも、できた？

文章でrealの発音を練習しよう！

Is that a real diamond?

あれはほんとうのダイヤモンド？

I've never seen a real cow.

ほんものの牛は見たことがない。

Some people believe that unicorns are real.

ユニコーンがほんとうにいると信じている人もいる。

動画でチェック

RとLのまざった単語　real の発音

real の発音はむずかしくないよ！

TH は舌をかまなくていいの!?

TH の発音

ねえ、ファジー、英語で「ありがとう」って言える？

もちろん！「サンキュー」でしょ？

おしい！　Thank you! の TH は、日本語にない音だからちょっとむずかしいよね。とくに Thanks! と短く言うとき、日本の人は、ついつい「サンクス（sanks）」とか「タンクス（tanks）」と発音してしまうことが多いんだ。

タンクス !?（tank は戦車の意味）

それから、this や they を dis や dey と発音してしまう人も多いよ。

え～ !?　じゃあ、TH の発音はどうすればいいの？

TH は、舌をしっかりかまなくてもいい

TH の音は、じつはかんたん。まず、舌を上の歯と下の歯のあいだに軽くはさんで、そのすきまから、すーって息を出してみよう！

どのくらい舌を出せばいいの？

ふつうは、舌の先が 1 ～ 2 mm 出るぐらいかな。上の歯と下の歯のすきまを、舌で軽くふさぐ感じだよ。

とくに TH ではじまる単語を強調したいときは、しっかり舌を出して発音することもあるけど、ふだんは、あんまり舌を出さなくてもいいんだ。

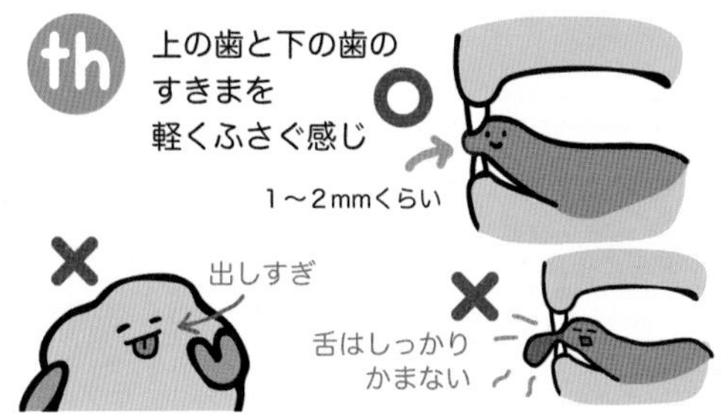

このとき、舌と歯のすきまから、らくに息がすーっと出てくるかどうかがポイントだよ。

舌を歯でしっかりかんでしまうと、息が出てこないから注意してね。TH は、舌と歯でつくる「摩擦音（まさつおん）」なんだ。だから、息がつづくかぎり TH の音が出るはずだよ。

まずは /θ/ と /ð/ の音を練習してみよう。声を出さずに、息だけすーっと出すと /θ/、声を出すと /ð/ の音になるよ。

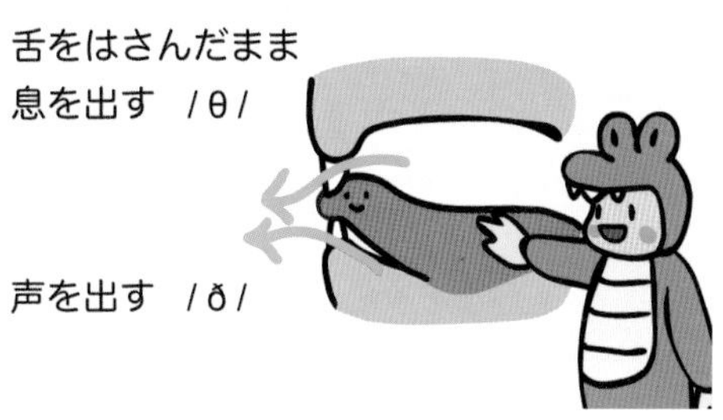

THの単語を発音してみよう！

声を出さない	声を出す
thank	this
think	they

father のように、TH が単語のまん中にあるときも、発音のしかたは同じだよ。

father

brother

weather

feather

単語のまん中に TH があるときは、ちょっとむずかしいね……。

大丈夫！　慣れてきたら、ぴゅっと舌が動くようになるよ。

THで音が終わるときは、舌を前に出す！

TH で音がはじまるだけじゃなくて、TH で音が終わる単語もあるんだ。

たとえば、息という意味の breath。これは、brea- と発音したあと、「え」の音をとめる、歯と歯のすきまにふたしちゃう、という感じで、舌をさっと前に出すよ。

そっか！　舌を歯ではさんだり、かんだりするんじゃなくて、舌を前に出す、という感じなのね。

音節にも気をつけてね。「ブ・レ・ス」じゃなくて、ひとかたまり（1 音節）で breath と言ってね。

earth

north

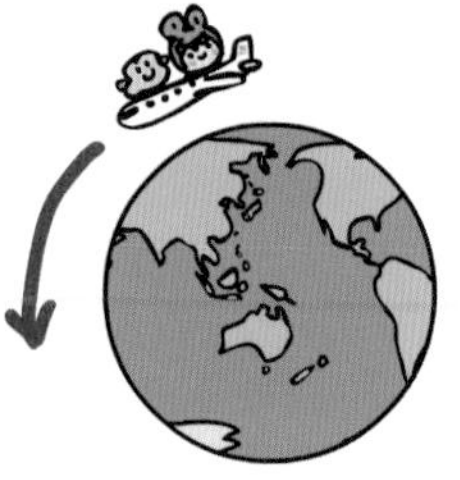

south

 THの単語、じょうずに発音できたかな？

 くりかえし一緒に練習してね！

動画でチェック

THの発音

THは舌をかまなくていいの？

★★★

TH のつく数字が苦手な人は必見！

three, thirteen, thirty, thousand の発音

今回は、TH ではじまる数字の発音を練習してみよう。

TH の音は、舌をガッツリかんじゃダメなんだよね。

3 three

13 thirteen

30 thirty

1000 thousand

three の発音を練習してみよう

じゃあ、まずは three から。

TH で舌を上の歯と下の歯のあいだに軽くはさんで、すきまから息を出しながら、舌をうしろに引っぱるよ。

TH のときに、くちびるをすこしすぼめると、R の音が発音しやすいよ。

「R の発音②（子音にくっついた R）」も、参考にしてね。

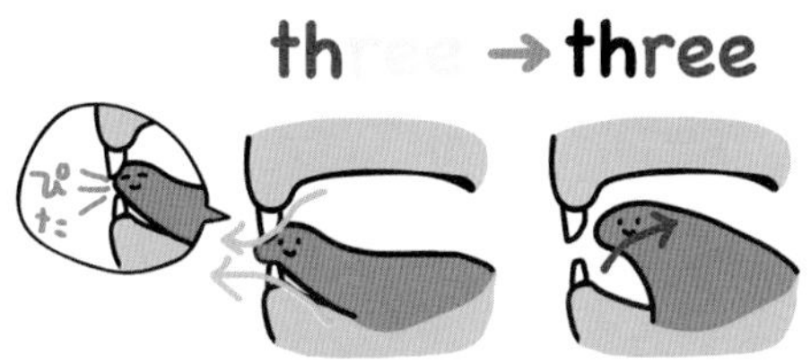

すきまから息を出しながら、舌をうしろに引っぱる

このとき、R で舌を巻きすぎないようにしてね。舌の先が、どこにもくっつかないように、引っぱって宙にうかせたようにするだけでも OK だよ！

thirteen と thirty はここがちがう！

thirteen と thirty は、thir までは同じ音だよ。ir は、基本の母音のフォニックスだけど、みんな覚えているかな？（『あいうえおフォニックス 英語の母音をひらがな５つで完全攻略！』にくわしく出ているよ！）

くらい「あー」の音だね！　私は、舌を持ちあげるようにして、くらく

「あー」って言うけど……

ぼくは、すこしだけ巻くようにして「あー」って言うよ。

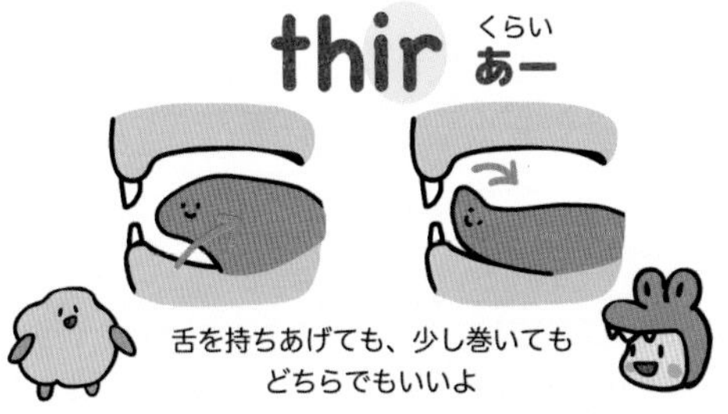
thir くらい あー
舌を持ちあげても、少し巻いても
どちらでもいいよ

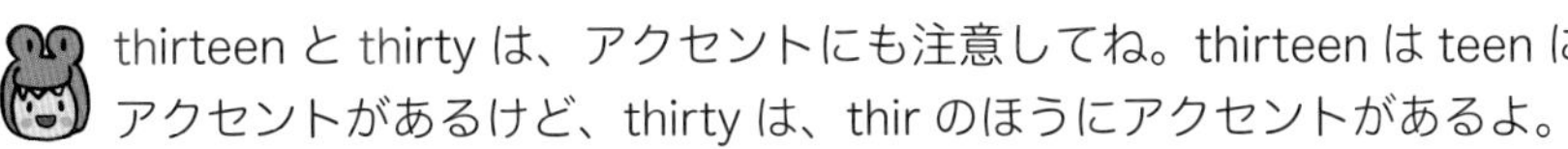
thirteen と thirty は、アクセントにも注意してね。thirteen は teen にアクセントがあるけど、thirty は、thir のほうにアクセントがあるよ。

thirteen は、しっかり「ティーン」って、のばすのも大事！

それから、アメリカでは、thirty は「サーティ」じゃなくて「サーディ」のように発音する人も多いよ。
(「アメリカの T の発音①」を参考にしてね。)

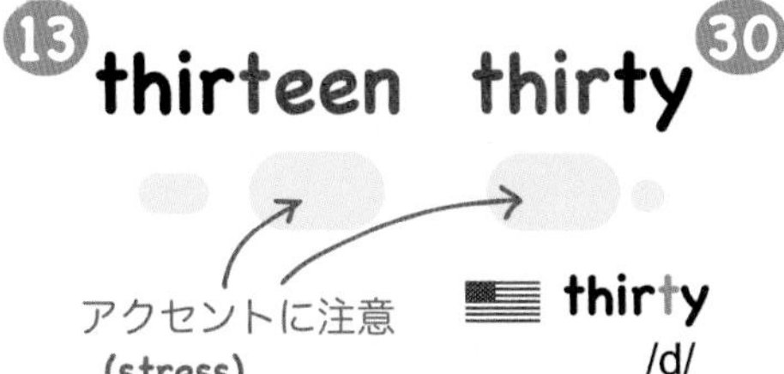
13
thirteen
thirty
30
アクセントに注意
(stress)
thirty
/d/
に近い音になることもある

-teen と -ty の数字を発音してみよう

それじゃ、ついでに、14 から 19 の「ティーン」がつく数字と、40 から 90 の数字も、練習してみよう。

⑭ fourteen　forty ㊵

スペリングに注意

⑮ fifteen　fifty ㊿

⑯ sixteen　sixty 60

⑰ seventeen　seventy 70

⑱ eighteen　eighty 80

⑲ nineteen　ninety 90

thousand の発音を練習してみよう

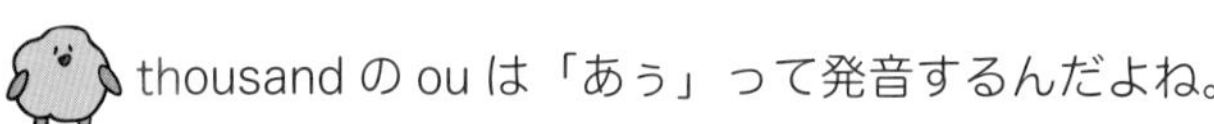

thousand の ou は「あぅ」って発音するんだよね。

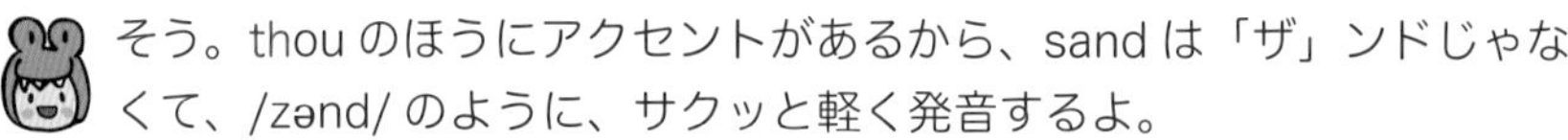

そう。thou のほうにアクセントがあるから、sand は「ザ」ンドじゃなくて、/zənd/ のように、サクッと軽く発音するよ。

hundred も、同じように、hun のほうを強調して発音するんだね。

100
hundred
/drəd/
アクセントのないは弱く

1000

thousand
ザンドじゃなくて
/zᵊnd/

3けた以上の数字は、音節の数が大事

ちなみに、3けた以上の数字を言うとき、イギリスでは、百のあとにandをつけるよ。たとえば713は、seven hundred and thirteenと言うんだ。

アメリカでは、seven hundred thirteenでandはつけないから、らくだね！

それから、西暦年を言うときや、ホテルの部屋番号を言うとき、英語では2けたごとにまとめて読むことが多いよ。たとえば、西暦713年や、713号室だったら、seven thirteenというように言うんだ。

2けたずつにわけるんだ。そう言われてみれば、2021年もtwenty twenty-oneと言うもんね！

713 **seven hundred thirteen**

seven hundred thirteen
🇬🇧 **and**

いろんな
読みかたが
あるね！

seven thirteen

1300だったら、日本語では、1000（千）300（三百）と、大きなけたから順番に読むけど……

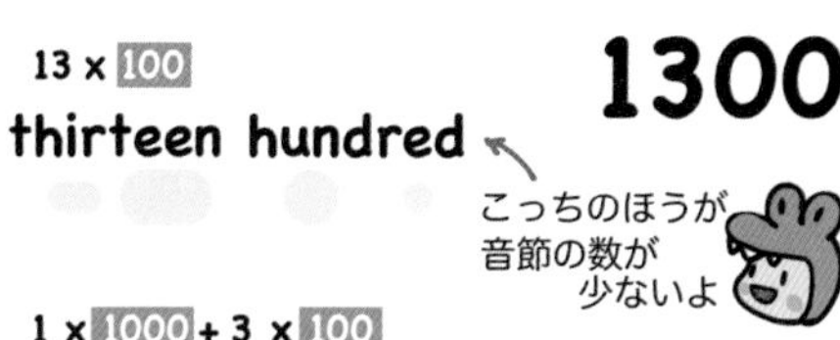

英語だと、thirteen hundred（13 × 100）と言うことも多いよ。
というのも、one thousand three hundred だと音節（音のかたまり）が6つあるけど、thirteen hundred だと、音節が4つですむから、言いやすいんだ。

3000 だったら、thirty hundred（30 × 100）よりも、three thousand（3 × 1000）のほうが音節の数が少ないから、three thousand と言うことが多いんだ。

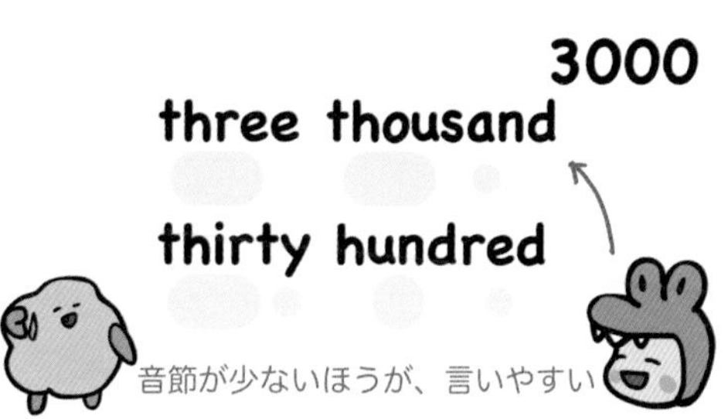

こんなふうに、いくつか数字の読みかたがあるときには、音節の数が少ないほう（できるだけらくに意味を伝えられるほう）で発音することが多いよ。

英語って、ぐうたらだね！

動画でチェック

three thirteen thirty thousand の発音

three, thirteen, thirty, thousand の発音

TH のつく数字はこれでかんぺき！

● 西暦の言いかたは、だいたい2けたずつ区切って読むのですが、2000年からしばらくのあいだは、2つの読みかたがあります。

2000年　the year two thousand
2001年　two thousand (and) one または twenty oh one
2002年　two thousand (and) two または twenty oh two
⋮
2009年　two thousand (and) nine または twenty oh nine
2010年　two thousand (and) ten または twenty ten

注:数字のゼロは、アルファベットのOと形が似ているので、oh（オゥ）と読みます。

2011年以降は twenty eleven, twenty twelve, twenty thirteen ……のほうが主流。

2001年から2009年のあいだは、the year two thousand の流れで、two thousand (and) one, two thousand (and) two のように、下ひとけたを加える言いかたをする人が多かったのですが、2010年以降徐々に、2けたで区切って読む従来の言いかたが増えてきました。twenty oh one よりも two thousand (and) one のほうが人気があったのは、映画『2001年宇宙の旅』の流行で、two thousand (and) one という読みかたが、すでに定着していたためではないかと思われます。

2010年から、2013年頃までは、どちらの言いかたもよく聞きましたが、2020年、これを書いている現在では、2けたずつ区切る言いかたが一般的なので、2011年をふり返って言う場合、two thousand（and) eleven よりも、twenty eleven のように区切った言いかたを聞くことが、以前よりも多くなりました。

● 年収など、大きな数字を英語で言うときには、thousand のかわりにK(ケィ)を使うことも多いです。たとえば、100,000は、100K(hundred K)。キログラムやキロメートルの、1000をあらわすキロと同じKです。これも、1音節のKのほうが、2音節の thousand より短くなって言いやすいからのようです。

months の言いかたは３つある!?

months, sixthsの発音
（～年生の言いかた）

THの音は、だいぶわかったんだけど、monthのようにNのあとにTHがくっつくときは、どうすればいいの？

month の発音のしかた

monthの発音のポイントは、Nの舌をどこに置くか、ってことだよ！

Nの舌？

そう。Nを発音するとき、ふつうは上の歯の根もとのあたりに舌をつけることが多いけど、この場合は、つぎにつづく音がTHだから、最初からもっと下のほう、上の歯のうら側あたりにくっつけるんだ。

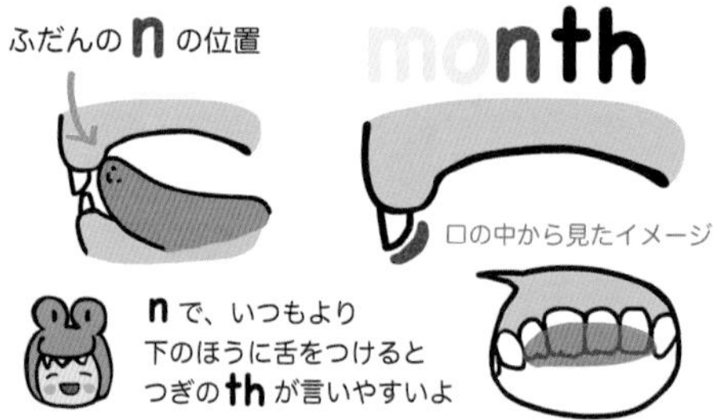
ふだんの n の位置
month
口の中から見たイメージ
n で、いつもより
下のほうに舌をつけると
つぎの th が言いやすいよ

そうすると、自然に、舌は上の歯と下の歯のすきまをふさぐような位置にあるから、そのまま息を出して、THを発音するよ。

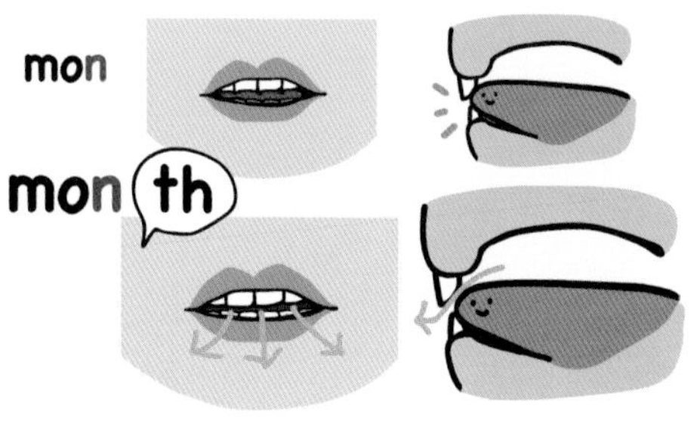

ほんとだ！　N で舌を下のほうにつけておけば、TH でほとんど動かさなくていいから、らくだね。

last month（先月）、this month（今月）、next month（来月）は、とくによく使う言葉だから、みんなも一緒に練習してみてね！

先月 **last month**

今月 **this month**

来月 **next month**

よく使う言葉だから
一緒に練習しよう！

months の発音は、３つのどれでもいい

そういえば、two months, three months のように、month に s がつくときは、どうすればいいの？

months の読みかたは、３つあって、どれでも言いやすいのでいいよ。

① **th** と **s**、どちらも発音する場合

mon-th-s

/mʌn θ s/

② **th** の **t** だけ発音する場合

months

↓

monts

/mʌn t s/

③ **th** を発音しない場合

months

mons

/mʌn s/

言いやすいのでいいんだね。ラッキー！

two months

three months

four months

ths は、どれでも好きな言いかたで通じるよ！

6年生（sixth grade）のthは、省略してもいい!?

それから、つぎは sixth ！

終わりに th がつく数字は、序数と言うんだけど、学年をあらわすのにも使うよ。たとえば、１年生から６年生までは、first grade, second grade, third grade, forth grade, fifth grade, sixth gradeと言うんだ。

one, two, three …… だったらいいのに、どうして序数っていうのがあるの？

日本語も、一、二、三……のほかに、ひとつ、ふたつ、みっつ……という数えかたがあるよね。それと同じだよ。

でも、６年生の sixth grade は「シクスス」って言いにくいよね……。

sixth は、six と言ったあとに、舌をぴゅっと前に出して、歯と歯のすきまをふさぐんだ。

舌をぴゅっ！

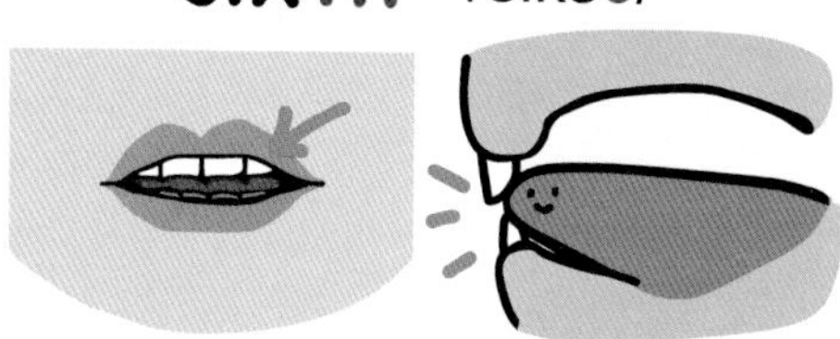

歯と歯のすきまをふさぐ感じ

実際には、sixth grade のように、sixth のあとに子音の音がつづくときは、/sɪks θ/ と、終わりの子音３つをちゃんと発音しないで、/sɪks/ や、/sɪk θ/ のように発音することが多いよ。

theをつけないことが多い	sixth grade	6年生
	sixth period	6時間目
	the sixth floor	6階
	the sixth place	6位
	the sixth time	6回目

＊あとに子音がつづくときは th が省略されやすい

書くときにはちゃんと th をつけるけど、話すときは th の音がほとんど聞こえなくても、大丈夫なんだね。

ところで、sixth に s がついた sixths という単語を見たことがあるんだけど、これはどういうときに使うの？

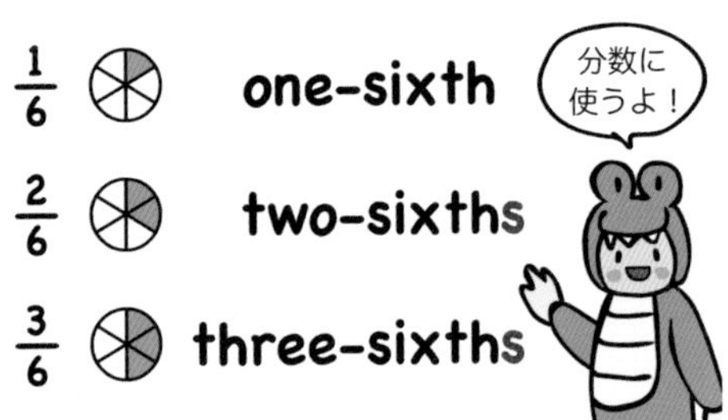

これはちょっとむずかしいね……。

でも、あんまり使わない言葉だし、うまくできなくても心配しないでね。

文章でTHの発音を練習してみよう！

He caught a cold last month.

彼は先月、風邪をひいた。

I met her three months ago.

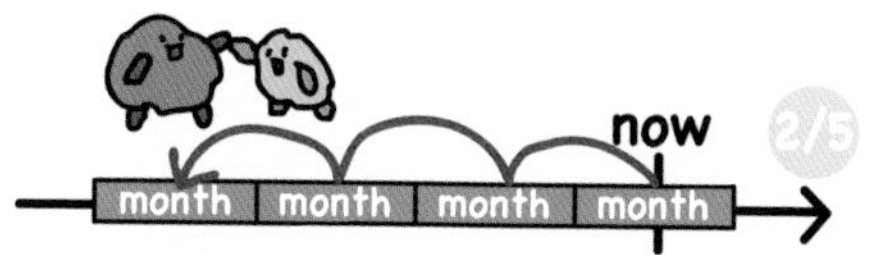

３か月前に、彼女に会った。

February 29th is a leap day.
(twenty-ninth)

２月 29 日はうるう日です。

She lives on the sixth floor.

彼女は６階に住んでいる。

R
L
TH
T
WH W Y
M N NG
S SH
F V B
破裂音

Four-sixths is equal to two-thirds.

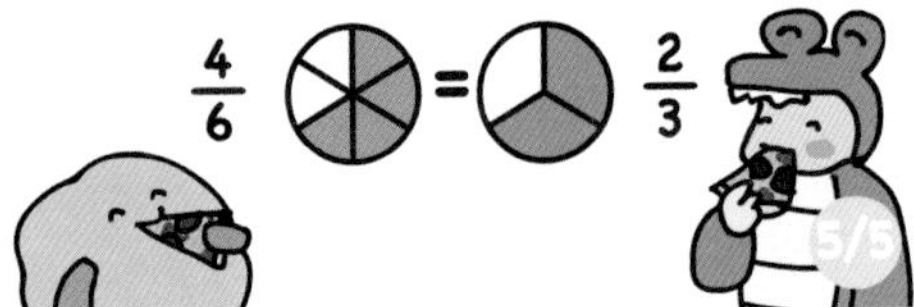

6分の4は、3分の2と同じ。

動画でチェック

months, sixths の発音

months の言いかたは3つあるの？

そのほかの子音の発音 ③

基本は /f/。of は /v/ か、省略されて無音になるので注意。

of の発音①

of は「オブ」じゃない？

of の発音② of the, of them の発音

of them は「オブ ゼム」じゃない？

★★★

clothes と close の発音は同じでもいい！

cloth と clothes の発音

ねえアリー、cloth と clothes はどうちがうの？

cloth はただの布（素材）のこと。clothes は、cloth でできあがった洋服のことだよ。

洋服の clothes は、/ð/ と /z/ の音がつづくから、無理に TH を発音しなくてもいいんだ。じつは、ドアを閉めるときなどに使う close と同じ発音で OK だよ。

close と clothes は、同じ音でいいのね。

cloth /klɑːθ/　　**clothes** /kloʊðz/

発音するのが難しい

clothes /kloʊz/ = **close** /kloʊz/

clothes は、1つだけでも複数形

英語には、１つしかないのに複数形であらわす単語があるんだ。たとえば、はさみやメガネは、１つしかなくても scissors, glasses と、複数形で言うよ。

はさみは刃が上下２枚、メガネもレンズが左右２枚あるからだね。

じゃあ、clothes（洋服）も１つしかなくても、複数形なの？

そう。たとえば、「この服は大きすぎる」と言いたいとき、

誤）This clothes is too big.
正）These clothes are too big.

こんなふうに、複数形を使うんだよ。

clothes は、代名詞であらわすときも（たとえ１つしかなくても）they を使うんだ。くわしくは『複数形しかない名詞』の動画も見てみてね！

動画でチェック

they は「かれら」だけじゃない。複数形しかない名詞

パジャマやズボンはいつも複数形？

width はウィドゥス、じゃなかった！

widthの発音
（lengthとheightとwithも！）

高さ、長さ、幅をあらわす、height、length、width。これらを「ヘイト」、「レングス」、「ウィドゥス」または「ワイズ」と読んでいませんか？

アメリカでは、これらは小学校の算数でも使う基本の単語です。
今回は、一番かんたんな height から順番に、発音をチェックしてみましょう！

heightの発音は、high + t

eight、weight のように eight のフォニックスを知っている人は、ついつい「ヘイト」と読みたくなっちゃうけど、「ヘイト」と発音すると hate（憎しみ、憎む）になってしまうよね。

「高い」は high（ハィ）で、「高さ」は height（ハイッ）。

high のほうは「ハ～ィ」と母音の音がリラックスしているけど、height のほうは、うしろに T がつづくから、すこし母音が短めで「ハィッ」と発音するよ。

height の e がなくて、hight だったらまちがえないのにね。

length の発音は、g に注意！

「長い」の long と、「長さ」の length は、母音が変わるんだよね。

「ロング」「レングス」のように、G の音を「グ」とはっきり発音していませんか？　この NG は鼻に通す音 /ŋ/。ふつうの N のように、舌を上の歯ぐきにつけなくてもいいし、ふつうの G（のどの奥の破裂音）のように「グ」とはっきり言わなくてもいいんです。

 あとに出てくる「N と NG の発音」も、参考にしてね。

length は、leng（レン）と鼻に通すように発音したあと、舌を前に出して、歯と歯のすきまをふさぐように発音します。

width は、wit-th のように発音する！

最後は、width です。d と th がつづくと、発音しにくいですよね。じつは、このDの音は、「ドゥ」と息をはきません。舌をDの場所に置いて、息をとめるだけ。音節の終わりのTのような音になります（「Tの発音①」を参照ください）。

そこから、舌をすこし下へスライドするようにして、歯と歯のすきまをふさぐ感じで、th を発音します。

wid-th というよりは、wit-th のような感じです。

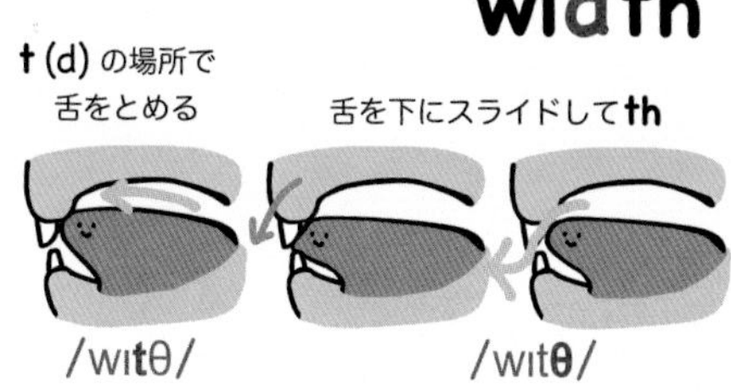

with と、width をくらべてみよう！

くらべてみると、with は /wɪ/ の音からそのままスムーズに /ð/ の音になっていますが、width/wɪtθ/ のほうは、/θ/ の前に、一瞬音がとまったようになっています。（音のすきまがある）/t/ の音が、促音のようになっているのです。ぜひ聞きくらべてみてください。

R L TH T WH W Y M N NG S SH F V B 破裂音

＊withの/ɪ/のほうが、すこし長く
リラックスした音に聞こえます

じゃあ、最後に３つ、まとめて発音してみよう！

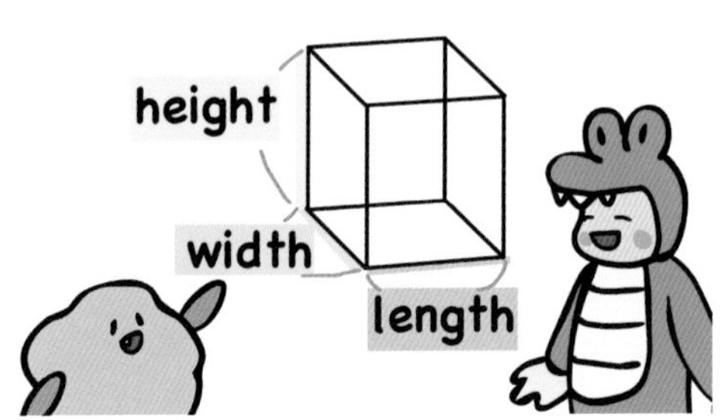

動画でチェック

まちがいやすい width の発音

width はウィドゥスじゃないの !?

thin と thing の発音（N の発音）

thing はシングじゃないの !?

theの舌は、はさまなくていい!?

theの発音

英語は the をたくさん言うことが多いのに、発音はちょっとむずかしいよね。

そういう人のために、the の発音がかんたんにできる方法、教えてあげるよ！

the のとき、舌は歯ではさまない！

えーっ！ TH なのに、舌をはさまなくてもいいの？

たとえば、The book is on the table.（本はテーブルの上にあるよ）と言うとき、大事なのは、book と table という単語。

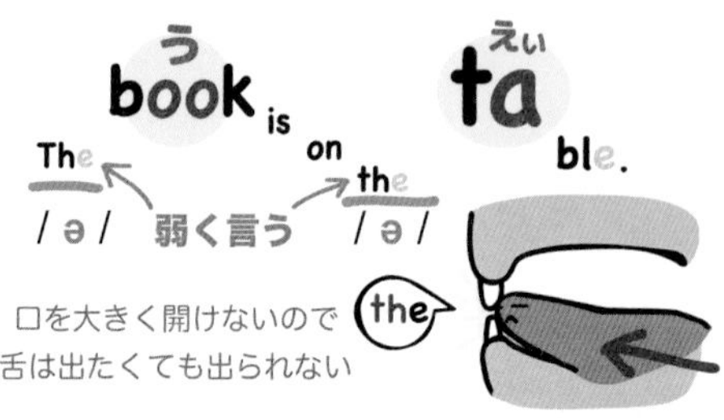

英語では、大事な単語の母音は強調するけど、この the には大事な意味がないから、弱く発音するんだ。そうすると、口がそんなに開いていないから、舌は、外に出たくても出られないんだ。

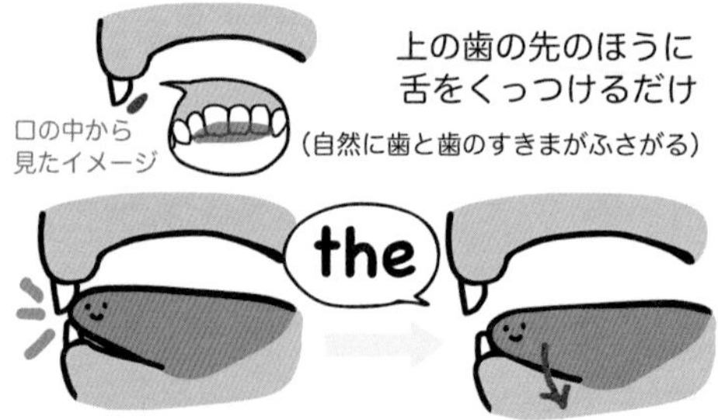

無理に歯と歯のあいだに舌をはさもうとしないで、舌で前歯の先っぽにさわろうとするだけで、自然に上下の歯のすきまをふさぐような感じになるよ。

the は、前歯の先っぽにさわるだけ！

TやDのあとにtheがつづくときは、舌をはなさない！

❷ **the** の前の **/t/** や **/d/** は
上の**前歯のうら**で
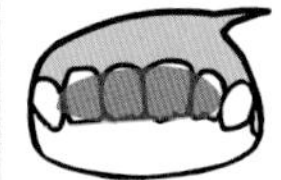
舌をストップすると
the を発音しやすい

at the, about the, around the, behind the のように、/t/ や /d/ の音のあとに TH がつづくときは、/t/ や /d/ で「トゥッ」とか「ドゥッ」と息をはかずに、舌を前歯のうら側でとめておくと、そのあとの the が言いやすいよ。

アット・ザ（at the)、アバウト・ザ（about the)、アラウンド・ザ（around the)、ビハインド・ザ（behind the）じゃないんだね！

そう。舌を前歯からはなさないで、そのまま TH の音につづけるんだ。

動画を見ながら、一緒に練習してみよう！

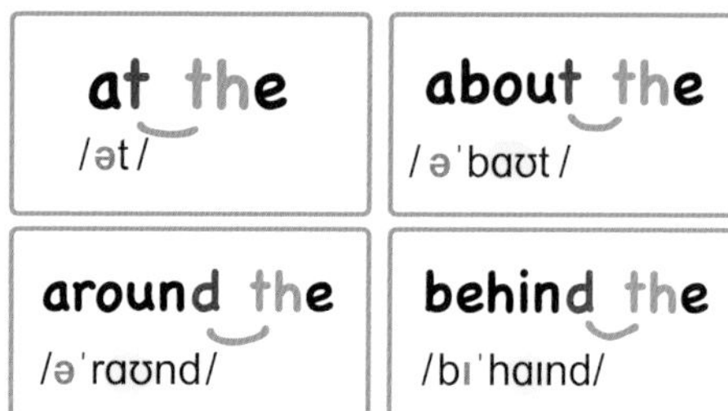

過去形のあとにtheがつづくときの発音のしかた

これができたら、過去形のあとに the がつづくときも、うまく発音できるよ。

過去形＋theの発音を文章で練習しよう！

彼はその試合を見た。

He watched the game.
/t/

私はドアを閉めた。

I closed the door.
/d/

もう、ウォッチ「トゥ」・ザ・ゲーム、とか、クローズ「ド」・ザ・ドア、って言わない！

そう。ポイントは、ぜんぶの音を同じ強さで読まないで、大事な母音だけに集中すること！

母音の前の the は、「ジ」？

そういえば、the apple みたいに、the のあとに母音がつづくときは、ぜったいに /ði/（ジ）と発音しないといけないの？

じつは、アメリカでは、母音の前の the も、/ðə/（ザ）と発音する人が、けっこう多いんだ。だから、まちがえて /ðə/（ザ）と言ってしまっても、そんなに気にしなくていいよ。

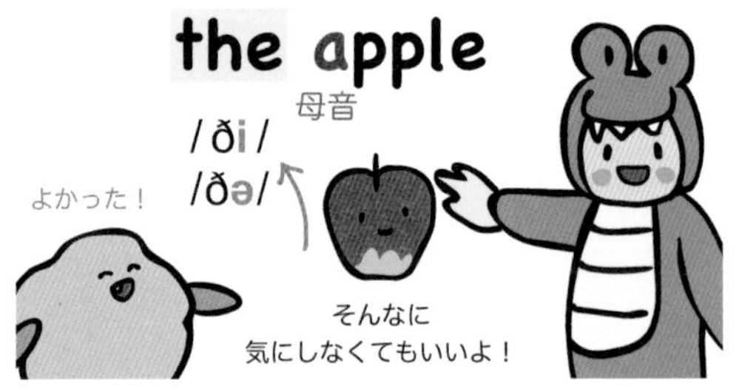

the の発音、文章でも練習してみよう！

 じゃあ、大事な単語の母音をしっかり強調して、the はサクッと言えるかな？

The rabbit went behind the tree.

ウサギが木のうしろに行った。

Can you pick us up at the airport?

空港にぼくたちをむかえに来てくれる？

Don't forget to throw out the trash.

ゴミを捨てるの忘れないで。

3/5

Did you get the email about the party?

パーティーのメールもらった？

4/5

The post office is just around the corner.

郵便局は、その角を曲がったところです。

5/5

● 英語の文章は、大事な意味をになう単語（内容語 content words）と、文法的に必要だけど、あまりたいした意味のない単語（機能語 function words）でできています。だから、日本語を話すときのように、ぜんぶの音を同じような長さと強さで読んでしまうと、どこが大切なのかわかりにくくなってしまいます。

英語を話すときには、大事な言葉にアクセントをつけて強調すると同時に、the のような冠詞や、前置詞などは、サクッと軽く発音してメリハリをつけると、通じやすくなりますよ。

動画でチェック

the の発音

the の発音はかんたん！

場所をあらわす前置詞 in と on

in the と on the の発音はこちら！

そのほかの子音の発音 ④

G

egg のように /g/ の音になるときと、change のように /dʒ/ の音になるときがある。

/g/：ga, go, gu など。（例：game, gas, go, good, guy, glass, grow など）

/dʒ/：ge, gi, gy は /dʒ/ の音になると言われる。（例：age, damage, language, imagine, original, technology など）
しかし、よく使う基礎的な英単語は /g/ の音になるなど、例外も多い。（例：get, finger, forget, give, girl, together など）

GH

gh は無音になることが多い。（例：light, night, neighbor, through など）

/f/：（例：cough, laugh, enough, rough, tough など）

/g/：（例：ghost, spaghetti など）

前書『あいうえおフォニックス　英語の母音をひらがな 5 つで完全攻略！』の「集まれいろんな gh」の章も参照してください。

H

基本は /h/。

無音の h。（例：exhibition, honest, hour, vehicle など）

★★★

Tの発音のしかたは、いっぱいある!?

Tの発音①
(基本のT)

Tの音はかんたん！　だって「たちつてと」の「た」行の音でしょ？たとえば、tiger はタイガー！

……うん、そうなんだけど、じつは、英語のTの読みかたは１つじゃないんだ。

えっ、１つじゃないの？

うん。少なくとも４つ、もっとあるって言う人もいるんだ。

えーっ！

今回は、どんなときにもぜったいに必要な、２つのTの音をマスターしてみよう！

言葉のはじめのTの発音のしかた

一番覚えやすいのは、言葉のはじめのT。まず舌を、上の歯と歯ぐきのさかい目くらいにセットして、「トゥ」と大げさに息を出してみよう。日本語の「たちつてと」よりも、もっと強い息だよ。
舌は、ちょっととがった感じにしてね。口の前に手をおくと、「トゥ」と言うとき息を感じるはずだよ。

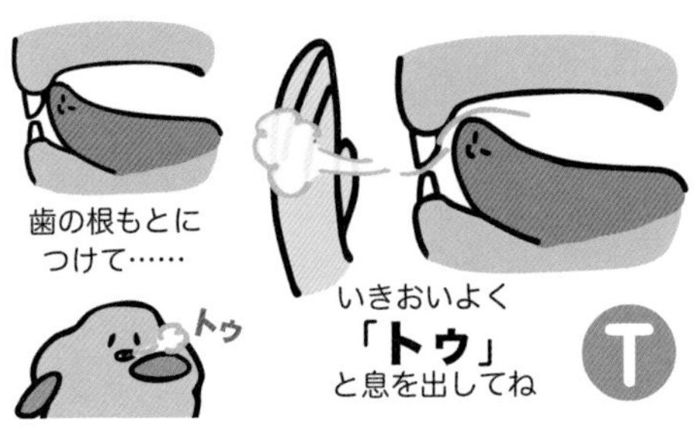

歯の根もとに
つけて……
トゥ
いきおいよく
「トゥ」
と息を出してね
T

じょうずにできたかどうか知りたいときは、日本語を英語風に発音してみるといいよ。

たたみ（畳）
tatami
いろんな日本語を
大げさに発音してみよう！

外国の人がしゃべってるみたいで、おもしろいね。

笑っちゃうくらい大きなTの音が出れば、大成功！　英語のTの音は、日本語よりも大げさなひびきがあるんだ。

じゃあ、その調子で、大げさにTを発音してみよう！

やってみよう！

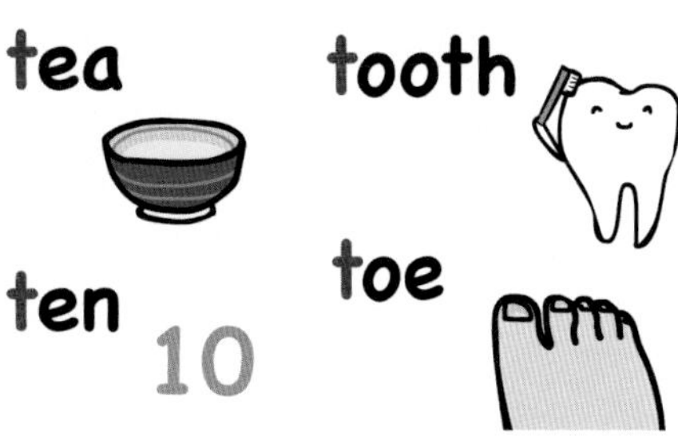

足の指は、finger じゃなくて、toe って言うんだね！

言葉のはじめの T だけじゃなくて、音節のはじめにある T も、こういうふうに息を出した大げさな T になるよ。

言葉の終わりの T の発音のしかた

2 つ目は、言葉の終わりにある T。終わりの T の発音は、最初の T と同じくらい大事なのに、日本ではあんまり知られていないんだ。

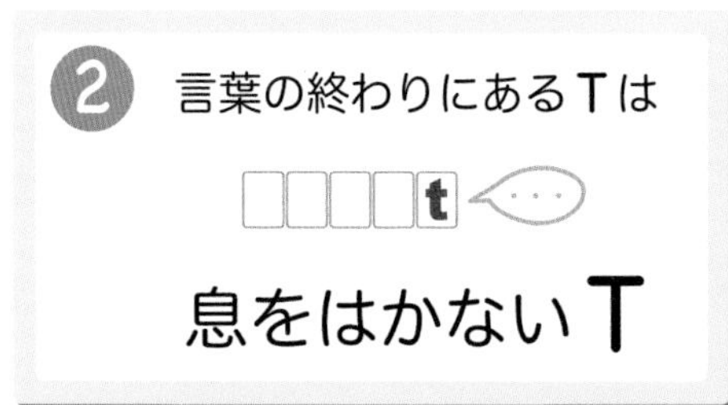

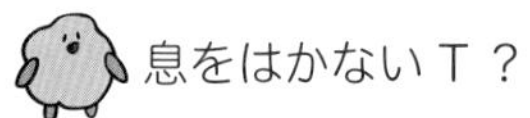

息をはかないＴ？

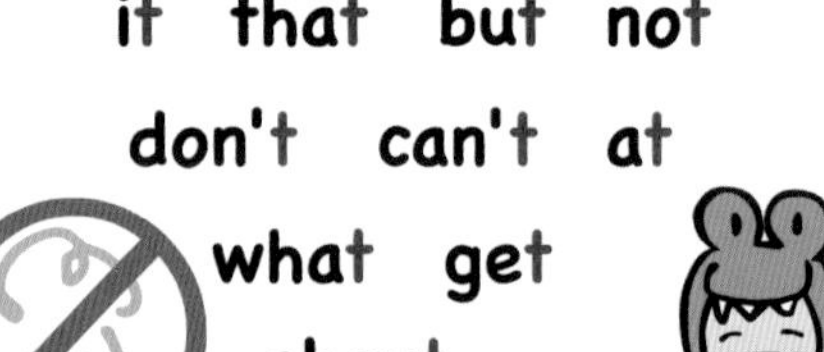

などの **T** は、息をはかないよ

こういった終わりのＴを言うときは、息を強くはいちゃダメなんだ。

舌を、はじめの大げさなＴと同じ場所（上の歯と歯ぐきのさかい目のあたり）に、ぴたっとつけるだけ。舌がついたときに音がとまる、という感じ。

たとえば、it と言うとき、「イット」とか「イットゥッ」のように、Ｔのところで息をはいて発音する人が多いけど、ほんとうは「イッ」ぐらいの音なんだよ。

終わりのＴは、すごく弱い音なんだね。

音がしないからって不安になって、はっきりＴを「トゥッ」と言いたくなるけど、そうすると逆に通じにくくなっちゃうよ。

音がとまった、そのスペースが、そこに終わりのＴがあるという合図になるんだ。

最初のＴはすごくはっきり発音するのに、終わりのＴは、ほとんど聞こえなくて、ジミだね……。

そうだね。でもじつは、英語はこうやって１こずつ切りはなして発音することは少ないから、単語の終わりにあるＴは、つぎの単語につながっていくことが多いんだよ。

たとえば、I forgot about it!（忘れてた！）と言うとき、「アィ・フォゴットゥ・アバウトゥ・イットゥ」とは言わないで、つぎのようにつなげて言うんだ。

t
単語の終わりの T は、つぎの単語につながることがあるよ
I forgot about it.

言葉と言葉のすきまがない！

英語の単語をつなげて読む方法（リンキング）や、ふだんの会話で話すような、はやく聞こえるくだけた発音のしかたは、すごく大事なことだから、あとでじっくり説明するけど、まずは、この「トゥ」と言わない終わりのＴをしっかり覚えてね！

● T について、音節のはじめの「トゥ」という音は、みなさんじょうずに発音できると思いますが、じつは、まったく音が聞こえない T があるということは、あまり知られていません。そのため、「ネイティブの英語がはやくて聞きとれない」という人は、もともと発音されていない、音節の終わりの T をさがして、聞きとれないと悩んでいることがあります。

たとえば、「バッ」「ドン」「ゲッ」「ダッ」と聞こえたら、英語のなんの単語かわかりますか？
これらは、but, don't, get, that が実際に話されるときに聞こえる音をカタカナにしたものです。しかし、これを「バット」「ドント」「ゲット」「ザット」だと思いこんでいるかぎり、いつまでたっても聞きとることはできません。

それから、ちゃんと英語が通じるようにと、書かれたアルファベットをぜんぶしっかり発音してしまう人もいますが、それはかえって逆効果になってしまいます。

音節の終わりの T は、もともと音を出すというよりは、音のない「すきま」をあらわすしるしのようなもの。これは、いくら本を読んで頭でわかったつもりになっていても、すぐに聞きとれるようになったり話せるようになったりするものではありません。

ぜひ、アリーとファジーの発音を聞いて、一緒に練習してみましょう。実際にたくさんの英語を聞いたり洋楽を聴いたりすることで、「聞こえない T」にも耳が慣れ、相手がなんと言っているのか聞きとれるようになります。

あわせて、本書の「破裂音」の章もご参照ください。

動画でチェック

T の発音①

T の発音、まずは基本の２つを覚えよう！

★★★

T が２つならぶと、１つしか発音しない!?

Tの発音②
（TとTがつながるとき）

ねえファジー、I went to school.　これ、読めるかな？

I（アィ）・went（ウェントゥ）・to（トゥ）・school（スクール）.
「私は学校に行った」でしょ！

I went to school.

おしい！　たしかに、単語１こずつの発音はあってるんだけど、ふだんの会話では、単語の終わりがＴで、つぎの単語もＴではじまるとき、

went to（ウェントゥ・トゥ）みたいにＴを２回発音しないで、

I wen to school.（アィ・ウェン・トゥ・スクール）のように、くっつけて発音するんだ。

えっ、そうなの!?

できた！　Tは1回しか読まないんだね！

そう。日本の人は、ついつい「ファースト・タイム（first time)」や「ラスト・トレイン（last train)」のように、単語の終わりのTをしっかり発音しがちだけど、Tがつづくときは1回しか発音しないほうが自然だよ。

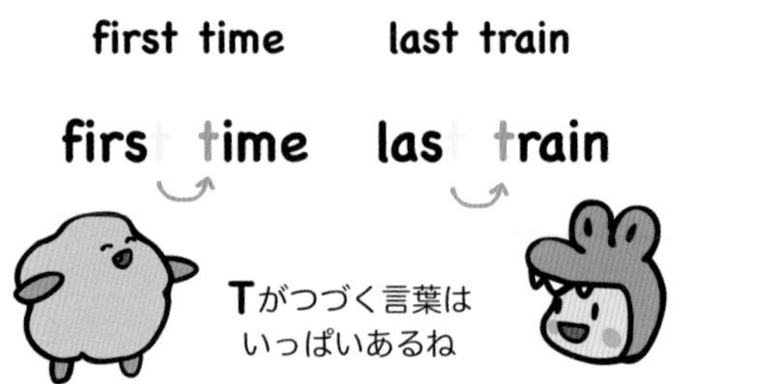

TとTがつながる文章を練習してみよう！

want to

I wan(t) to sleep.

ねむたい。

must tell

You mus(t) tell her.

彼女に言わないとダメだよ。

It takes

I(t) takes three minutes.

３分かかる。

it to

Can you show i(t) to me?

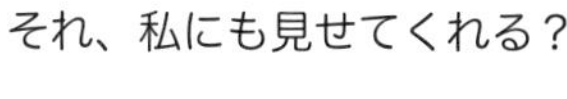

それ、私にも見せてくれる？

できた！　ＴとＴがつながることって、けっこう多いんだね。

そうだね。じつは、T はアルファベットのなかでも一番よく使う子音で、T の入った単語はいっぱいあるんだ。
what to do / best teacher / right time のように、T と T がつながる例はまだまだあるよ。

そういえば、want to じゃなくて、wanna って書いてあるの、見たことがあるんだけど……。

あー、それは、日常会話では、to の T の力がぬけて、N みたいな音になって

I wanna sleep.

のように発音してることが多いからだよ。

カジュアルな会話ではよく使うけど、書くときは、ちゃんと want to って書いてね！

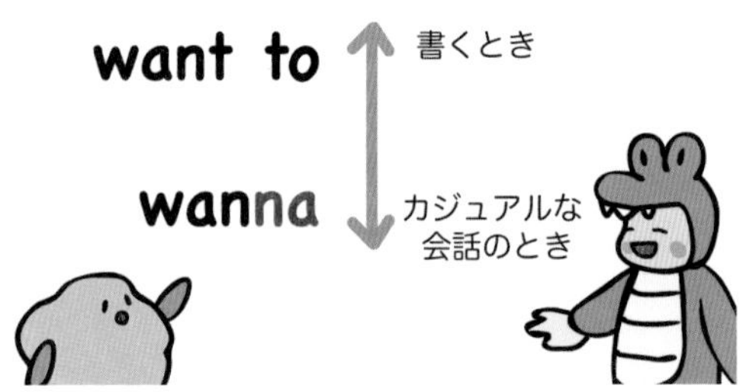

● 前回の「Tの発音①」で紹介した、終わりのTの発音がちゃんとできていると、TとTがつながるときの発音も、ちゃんとできるはずです。

● じつは、このように、同じ子音がつづくとき、2回発音しないで1回しか発音しないことは、T以外にもいろいろな子音で起こります。
たとえば、good dayは「グッド・ディ」ではなくて「グッ・ディ」に、black coatは「ブラック・コート」ではなくて「ブラッ・コゥッ」になります)
このとき、2つの単語のあいだにわずかできる無音のすきまが、1つ目の子音の音、ということになります。

動画でチェック

Tの発音② (TとTがつながるとき)

Tがならぶとき、どう読むか知ってる?

同じ子音がつづくとき

リンキングの練習をしよう!

R
L
TH
T
WH W Y
M N NG
S SH
F V B
破裂音

T は消えることがある!?

T の発音③
（T の省略）

会員制スーパーの「コストコ（Costco）」や「クレジットカード（credit card）」、じつは英語では、「コスコ」「クレディッ・カード」のように、T の音をほとんど発音しないこと、ご存じですか？

単語の終わりや、音節の終わりにある T は、会話のスピードや発音のしにくさなどによって、3 つのパターンで省略されることがあります。今回は、その発音のしかたを、1 つずつ解説します！

終わりの T の発音のしかたは、3 パターン

1 つ目は、「T の発音①」でも紹介した、息をはかない T。

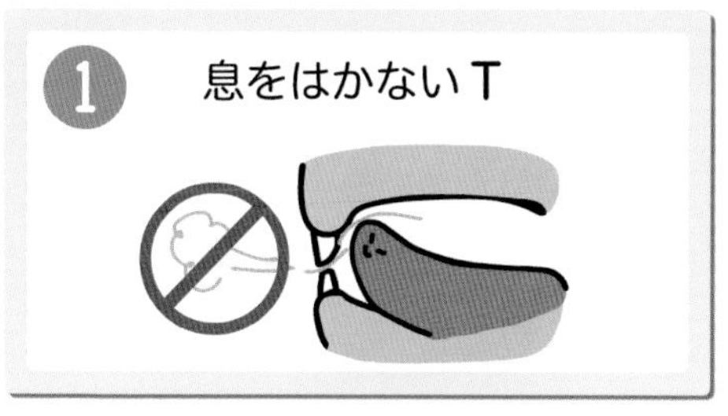

ぼくが credit card と言うときは、舌はTの場所に持っていくけど、「トゥ」と息ははかないで、舌で息をとめるようにして発音するよ。

２つ目は、促音のようなT。

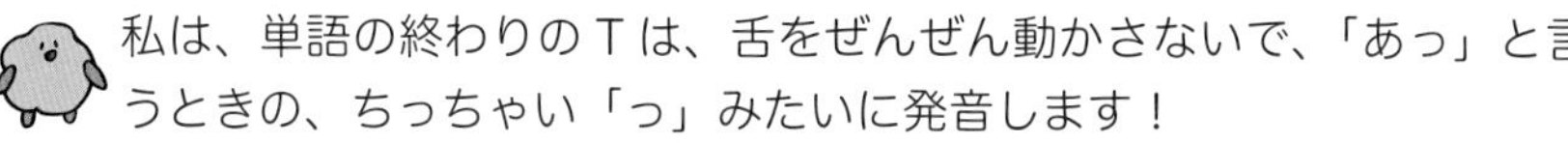
私は、単語の終わりのTは、舌をぜんぜん動かさないで、「あっ」と言うときの、ちっちゃい「っ」みたいに発音します！

この音は、専門的には「声門閉鎖音（glottal stop）」と言います。イギリスのロンドンやその近郊では、Tをこのように促音で話す人が多いです。最近では、インターネットでイギリスの動画を見ることがかんたんになったせいか、アメリカでもこの発音をよく聞くようになりました。

３つ目のＴの発音は、まったく消えてしまうＴです。

これは、舌を動かさないばかりか、Ｔがあった形跡（音のスペース）すら、なくなってしまいます。言葉をはやく話すときや、カジュアルに話すとき、こう発音することが多いです。

これはＴの前後に子音がつづくときに起こりやすい現象です。子音にかこまれたＴは発音しにくいので、弱くなったり音が消えたりします。でも注意してほしいのは、**いつも消えるわけではない**ということ。消えたように発音する人もいるので、ネイティブの英語を聞きとる際には役立つ知識ですが、ご自分が英語を話すときには、無理に消して発音しなくても大丈夫です。

例：exactly　accepts　acts

products　just for　must be

just one　last one　など

Tの前後に子音がつづくと
発音しにくいので省略されやすい

以上、Tが省略されるパターンを３つご紹介しましたが、この３つのうち、どれが正解というのはありません。大事なのは、ご自分の話しやすい言いかたを見つけること。
自然なリズムで英語を話せるよう、ぜひTの省略を練習してみてください。

Tの省略を文章で練習しよう！

I must go.

行かなくちゃ。

Let's take a shortcut!

近道しよう！

R
L
TH
T
WH W Y
M N NG
S SH
F V B
破裂音

Get ready! Get set!

Go!

位置について、よーい、ドン！

Let's do it now!

よし、じゃあやろう！

He is quite popular

at school.

彼はけっこう学校で人気がある。

What is your

favorite book?

あなたのお気に入りの本はなに？

There's not much difference.

そんなにちがわない。

It's a perfect day for a picnic.

ピクニックにうってつけな日。

What did you do last week?

先週、なにやった？

「ラスト・ウィーク」じゃなくて、ちゃんとＴを省略できたかな？

学校で、というのも「アット・スクール」じゃないよ。

過去形の-edも省略されることがある！

じつはTの省略、これだけじゃないんです。

動詞の過去形（-ed）は、/t/ と発音するときがあります。だから、-edの音が省略されることもあるのです。
つぎの例を聞きくらべてみてください。

I walk to school.

I walked to school.

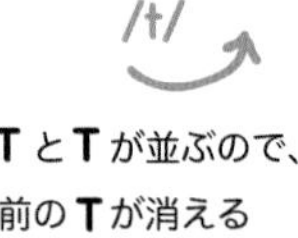
/t/

TとTが並ぶので、
前のTが消える

現在形の「私は学校へ歩いて行く（I walk to school.）」と、過去形の「私は学校へ歩いて行った（I walked to school.）」。

このように、文字で見るとちがいははっきりしていますが、実際の発音では、TとTが並んで前のTを発音しないため、ほとんど同じ発音になってしまいます（「Tの発音②」もご参照ください）。

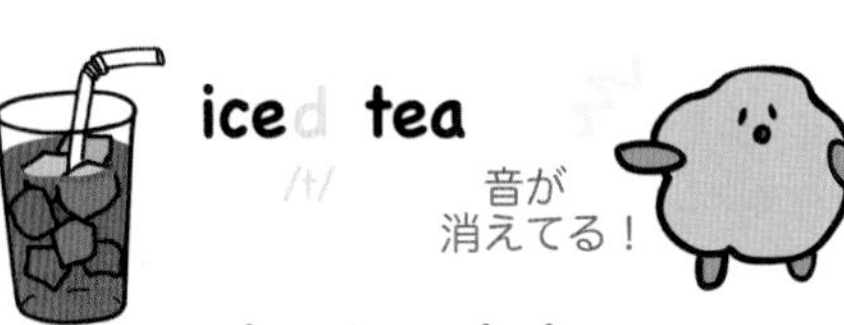
iced tea
/t/
音が
消えてる！

mashed potatoes
/t/

baked potatoes
/t/

この例も同じです。iced teaは「アイストゥ・ティー」ではなく「アイス・ティー」。mashed potatoes や baked potatoesは「マッシュトゥ・ポテトゥズ」や「ベイクトゥ・ポテトゥズ」ではなく、「マッシュ・ポテトゥズ」「ベイク・ポテトゥズ」に聞こえます。

Tの発音を省略した発音は、若い人のあいだで流行っている傾向があるので、今後、Tの音はますます聞きとりにくくなるかもしれません。

英語を聞きとったり、自然に話したりするのに大事なTの省略。これから、終わりのTの音には、注意してみてくださいね。

動画でチェック

Tの発音③ （Tの省略）

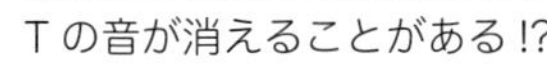

Tの音が消えることがある!?

そのほかの子音の発音⑤

J

基本は /dʒ/。（例：jaw, job, just など）

英語にとっての外国語由来の言葉は、その国の発音を残している。（フランス語由来の /ʒ/：déjà vu、スペイン語由来の /h/：jalapeño など）

K

基本は /k/。

無音の k。（例：knee, knife, knock, know など）

L

基本は /l/。

無音の l。（例：talk, walk, almond, salmon など）
もしくは、oul で「う」。（例：could, should, would など）

M

基本は /m/。

無音の m。（例：mnemonic など）

N

基本は /n/。

g と k の前では、/ŋ/ になる。

無音の n。（例：autumn, column など）

canとcan'tのちがいは、Tじゃない!?

canとcan'tの発音
（アメリカの発音）

英語を聞きとるとき、can と can't のちがいが、わかりにくいと思った人はいませんか？　それもそのはず、ネイティブが話す終わりのTの音は、一生懸命聞こうと思っても、ほとんど聞こえないんです。

can'tのtは聞きとりにくい

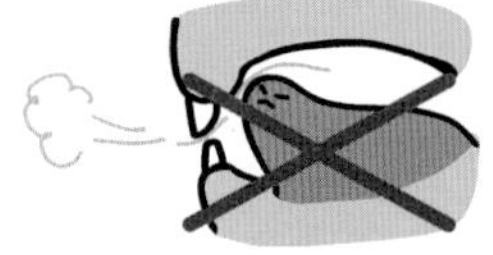

トゥッと息をはかない

Tの位置で
舌をとめることが多い

イギリスでは、Tのある・なし以外にも、can't の母音を「カーント」とのばして発音するので、ちがいは比較的わかりやすいのですが、アメリカではどうやって区別しているのでしょうか。

じつは、can と can't を聞きわけるポイントは、Tのある・なしではないんです。それでは、アメリカでは can と can't をどうやって区別しているのか、3つのポイントで見てみましょう。

can は「キャン」じゃない!?

一番大事なのに、意外に知られていないポイントが、これです。
じつは、通常の肯定文のとき、can は「キャン /kæn/」と、大きく口を開けて発音しません。口をリラックスさせて「ケン」や「キン」「クン」の中間のような、あいまいで弱い音（/kən/ /kɪn/ /k'n/）で省略して発音します。

たとえば、I can do it.

日本の人はついつい、I・can・do・it（アイ・キャン・ドゥー・イット）のように、ぜんぶ同じリズム、均等な強さで読んでしまいがちです。

でもアメリカでは、この can は、強調して発音しません。というのも、この文章で大事なのは、「する（do）」ということ。can は主語につづけてサクッと発音するのがふつうです。

どの読みかたでもいいよ！

ぼくたちは、/kɪn/（「キン」と「ケン」の中間の弱い音）で発音することが多いよ。

I can は、カタカナで書くと、「アィキン」とか「アィケン」っていう感じだよね。

can'tは「キャン」＋すきま！

2
can't は / kænt / 。
t は発音されなくても
音のすきまが
できる。

否定文のときは、can't には、「できない」という大事な意味があるので、省略されません。口を大きく開いて、/kænt/ と、しっかり母音を発音しましょう。また、t は「トゥッ」と息をはかなくても（音が聞こえなくても）、つぎの音の前に、小さく t のあったすきまができます。

すきま
I can't do it.
あかるい
あ
/ kænt /
t のすきまが
あるよ！
口角を
あげる

『あいうえおフォニックス　英語の母音をひらがな５つで完全攻略！』の本で習った、「あかるい あ」の音だね。

「え」を発音するような口の開きかたで「あ」と言うと、/æ/ の音になるよ。

ではもう一度、I can do it. と I can't do it. を練習してみましょう。

すきまなし
I can do it.
/ kɪn /

すきまあり
I can't do it.
/ kænt /

canとcan'tを文章でくらべてみよう！

I can drive a car.
/ kɪn /

I can't drive a car.
/ kænt /

車を運転できる。
車を運転できない。

I can talk right now.
/ kɪn /

I can't talk right now.
/ kænt /

いま、話せるよ。
いまは話せないよ。

You can call me.
/ kɪn /

You can't call me.
/ kænt /

電話してきてもいいよ。
電話はしないで。

YES

She can‿afford it.

/ kɪn /

¥100

NO

She can't_afford it.

/ kænt /

¥400

彼女には買える。
彼女には買えない。

むずかしいのは、can を「キャン」と発音するとき！

3
can が / kæn / と
強調されるときは
can't / kænt /
に似ているので注意。

だいたいの場合は、can は弱く発音されるのですが、つぎのように can で文章が終わるときは、/kæn/ と強く発音されます。

can なのか、can't なのか、みなさん、聞きとれますか？

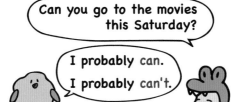

Can you go to the movies this Saturday?

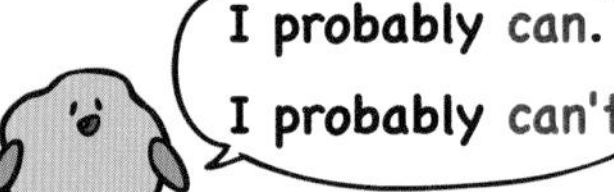
I probably can.
I probably can't.

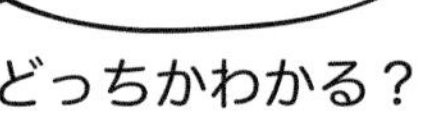
どっちかわかる？

この土曜日、映画見に行ける？
I probably can.（たぶん、行ける。）
I probably can't.（たぶん、行けない。）

このようなときは、音だけではなかなか判断がむずかしいかもしれないね。でも、声のトーンでなんとなくわかるよ。

I think I can.　**I think I can't.**

/ kæn /　/ kænt /

- /æ/ の音が微妙に長い
- リラックスした /n/

- 音がとぎれる感じ

I think I can.（たぶん、大丈夫。）
I think I can't.（たぶん、だめ。）

一般的には、can のほうが微妙に母音の長さが長くなって /n/ の音もリラックスしているのに対して、can't のほうは、母音がとうとつに終わって短めになる、と言われています。また、can't の t もはっきり発音されるので、t の音が聞きとりやすくなるとも言われています。

でも、実際の会話では、発音以外にも、話し手の語調や雰囲気から、yes なのか no なのか、ヒントが出ていることが多いです。

スケジュールチェックします。
はい、大丈夫です。

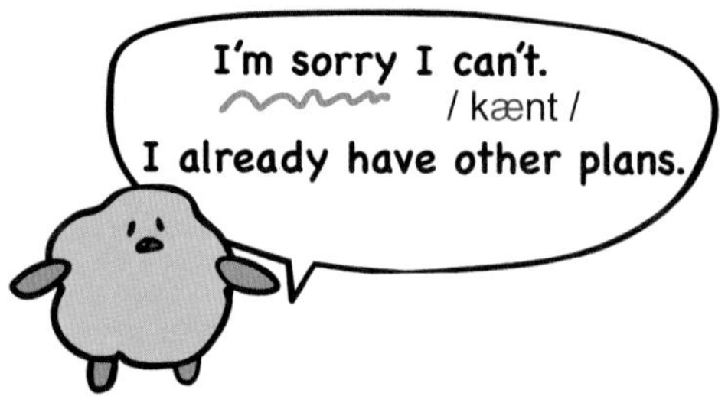

ごめんなさい。だめです。
もうほかの用事が入っているので。

聞きとれなかったときは、確認しよう！

でも、それでもわからないときには、まよわず聞きなおしてね。声が小さかったり、まわりがうるさかったりすると、アメリカの人でも聞きとれないことがあるから、そのときはこんなふうに聞くよ 。

ごめん、もう１回言ってくれる？
大丈夫って言ったの？　だめって言ったの？

私も、わからないときは聞くから、みんなも心配しないで、聞いてみてね。

● 英語は、日本語と異なり、すべての音を均一には発音しません。大事なところとそうでないところの、音の強さ（長さ・大きさなど）にメリハリがあり、それが英語らしいリズムになっています。

大きな声でゆっくり発音されるのは、文章のなかで大事な意味や情報を含む「内容語（content words)」と言われる言葉。それに対して、文法的な機能を担った「機能語（function words)」は、サクッとあいまいに発音されることが多いです。

機能語には、今回取りあげた、can のような助動詞のほか、be 動詞、冠詞、前置詞、接続詞、代名詞などがあります。
たとえば you は、「ユー（/juː/)」と、しっかりのばして強調しなくてもいいことが多く、ふつうは、くらくあいまいな「ヤとヨの中間の音（/jə/)」や「ユ（/jʊ/)」で発音されます。（辞書によっては、強形と弱形の２つの発音記号が書いてあることがあります。）

ネイティブの英語を理解するためには、この、内容語と機能語のリズムに慣れる必要があります。
今回はまず、can の弱形（/kən/ /kɪn/ /k'n/）をしっかり練習しましょう。アリーとファジーの発音を、くりかえし聞いて、弱形をまねすることで、リスニング力とスピーキング力がアップしますよ。

動画でチェック

can と can't の発音　（アメリカの発音）

can と can't のちがいは、T じゃなかった？

アメリカのTは、ぐうたらな T !?

アメリカのTの発音①

(waterの発音)

ねえアリー、アメリカでは、water は「ウォーター」って言わないで、「ワーラー」って言うの？

日本の人は、アメリカの T の発音が、ラリルレロに聞こえる人が多いみたいだね。みんなはどんなふうに聞こえるか、まず聞いてみよう！

water

ラリルレロ / r / と / d / の中間ぐらいだよ

どんな T の音も、アメリカでは、こんなふうに発音するの？

ううん。「T の発音①」で見たように、音節のはじめの T は「大げさに息をはく T」。それから音節の終わりの T は、「息をはかない T」になるよ。

アメリカでは、water, daughter, heater のように、T が母音のあいだにはさまって、アクセントのないときは、いちいち息をとめて「トゥッ」って息を出さないで、弱く発音するんだ。

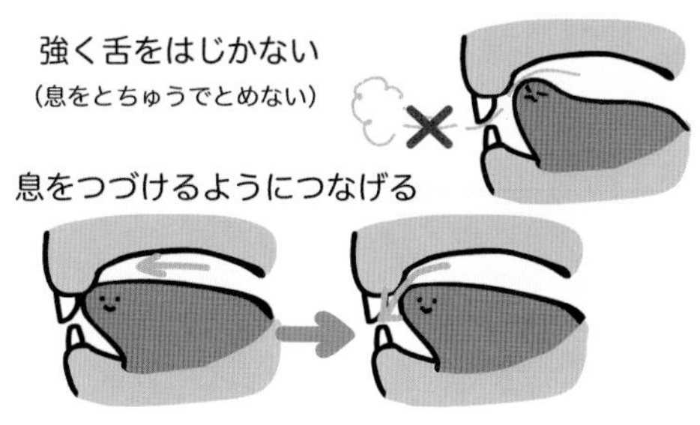

強く舌をはじかない
(息をとちゅうでとめない)
息をつづけるようにつなげる

しっかり息をとめないこの音は、flapT と言われるよ。

ちょっとぐうたらな感じの音だね。

waterだけじゃない！　アメリカのTの単語を練習しよう

アメリカで T の発音が flap T になるのは、なぜか water だけが有名だけど、ほかにもいっぱいあるよ。

city　　forty

40

party　　ability

city は「シティ」じゃなくて、「シリー」って言わないといけないの？

city は「シティ」でも大丈夫。「シディ」や「シリー」という発音はアメリカのなまりだから、アメリカで生活するならこの発音のほうが通じやすいけど、世界的に見れば「シティ」と発音する国が多いので、無理にアメリカ風にしなくてもいいよ。

よかった～。

pretty

butter

letter

better

native

meeting

beautiful

hospital

私は、プリ「ディ」じゃ、ぜんぜんプリティな感じ（かわいい感じ）がしないわ……。

私はぐうたらだから、アメリカの発音があってまーす！

アメリカのTを、文章で練習しよう

Kyoto is a pretty city.

京都は美しい街です。

アメリカなまりだと、京都は、キョウ「ド」になるんだね。

I'm writing a letter on my computer.

ぼくはコンピューターで手紙を書いている。

Can I have a bottle of water, please?

3/3

お水のボトル１本ください。

うまくなってきた、というときに使う、I'm getting better の getting や better も、アメリカの T の音になるよ。

I'm getting better at batting.

ぼくはバッティングがうまくなってきた。

I'm getting better at swimming.

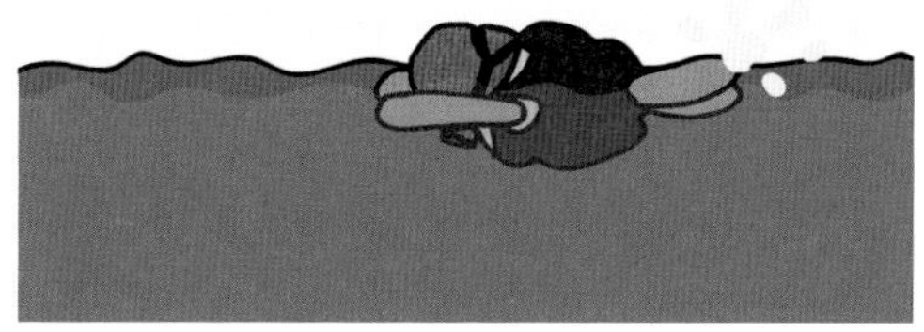

私は水泳がうまくなってきた。

● 今回は、アメリカのTの発音がテーマでしたが、イギリスでは、それとはちがうTの音があるのをご存じですか？

じつは、イギリスでは、母音にはさまったアクセントのないTは、のどでとめるglottal stop（声門閉鎖音）で発音する人が多いので、waterは「ウォー・ア」daughterは「ドー・ア」のように聞こえることが多いんです。

日本では、一般的に、waterは「ウォーター」と発音するのがふつうだと考えられています。たしかにBBC（英国放送協会）が標準と定めたアクセント（Received Pronunciation 略してRPと呼ばれます）では、そのように発音します。BBCが決めたと言われると、あたかもRPがイギリスの「標準語」で、多くの人が話していると誤解してしまいがちですが、実際にRPを話す人たちは、イギリスでも人口の2%しかいないそうです（英紙ガーディアン2018年5月22日付記事）。

世界中で話される英語を考えると、さまざまな「なまり」があります。日本ではどうしてもアメリカ英語を話す先生や教材が多いので、「waterの正しい発音はワーラーだった！」というように、アメリカの発音ばかりが正しい発音とされる傾向にありますが、世界的には、かならずしもそうとはかぎりません。また、アメリカ国内にもさまざまな「なまり」があります。

今回取りあげたflap Tを知っていると、アメリカの英語が聞きとれるようになるので、アメリカ映画やドラマ、ニュースなどを字幕なしで見ることができる、という利点があります。しかし、自分が発音するときは、アメリカのネイティブと会話するのでなければ、無理にアメリカ式のTで発音しなくても、RPの「ウォーター」で十分に通じます。

動画でチェック

アメリカのTの発音①（waterの発音）

waterは「ワーラー」って言う？

★★★

アメリカでは、Tをのみこむことがある!?

アメリカのTの発音②
(twenty, cottonの発音)

今回も、「トゥッ」と息をはかないアメリカのTの発音を、2パターン見てみよう！　この発音を知っていると、アメリカのテレビや映画を見るときに、とっても役に立つよ。

はーい！

twentyは「トゥエニー」！

そう。アメリカでは、twentyを「トゥエニー」、wantedを「ウォネッ」のように、Tの音を発音しない人がけっこういるんだ。

1
twenty
のように
nのあとにtがつづくとき

アメリカでは、Tをのみこんじゃうことがあるって聞いたけど、ほんとうなの？

たしかに、アメリカの人は、twenty を「トゥエンティ」じゃなくて「トゥエニー」って言うね。だから、2021 年は「トゥエニー・トゥエニーワン」。

「トゥエンティ」と発音してもまちがいじゃないから、心配しないでね。ほかにも、N のあとに T がつづく言葉のとき、アメリカでは、T を省略して発音することが多いんだ。

ファジーが T なし、ぼくが T ありで発音してみるから、聞きくらべてみてね。

tなし
tあり
in erview
interview
iden ity*
identity
cen er
center
pain ing
painting
＊このtは/d/のような音になるよ

アメリカでは、identity の発音は、はじめの T が消えて、２番目の T が d みたいな音（flap T）になることもあるから、「アイデンティティ」じゃなくて、「アイデニディ」のように聞こえることも多いよ。

Tを省略したアメリカのなまりは、ぐうたらに聞こえるね。

かんたんな単語なのに、なにを言っているのかわからない、というときは、自分のせいだけじゃなくて、相手の英語がなまっているから、ということもあるよ。

ふぅーん。

そして、もう1つのアメリカのなまりは、これ。

cottonは、「コットン」じゃない!?

TのあとにNの音がつづくときは、Tをのみこんだみたいな、へんな音になるね。

そう。これには、2つの発音の方法があるんだ。

1つは、Tで、上の歯の根もとに舌をくっつけて、舌をはなさずにそのまま「ん」って息を鼻に通してNを発音する方法。

もう1つは、Tで舌はつけないで、小さい「っ」を言うときのように、のどで息をとめたあと（声門閉鎖音 glottal stop。発音記号では /ʔ/）、ふつうにNを舌をつけて発音する方法。

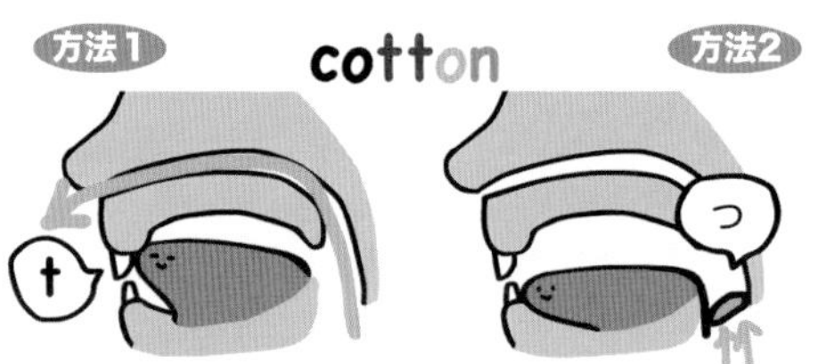

t で舌をはずさないで
そのまま「ん」

ちいさい「っ」のように
息をとめてから **n**

考えかたはちがうけど、音は、どっちもほとんど同じだよ。

ちなみに、cotton を「コトン」written を「リトゥン」のようにＴで舌ではじくように発音してもいいんだよね。

もちろん！　みんなも自分の言いやすい方法で発音するのでいいよ。今回は、ぼくたちのあとにつづいて、アメリカのＴの発音を練習してみよう。

written　**button**

carton　**eaten**

mitten　**kitten**

私は、kitten は、「キドゥン」(「アメリカのＴの発音①」で紹介した flap T) と「キッン」(声紋閉鎖音)、どちらも気分にあわせて、適当に発音しています！

mountain や important も、いろんな発音のしかたがあるから、よく音を聞いて、耳を慣らしてね。

「マウンテン」「インポータント」じゃなくて、T をのみこんだみたいな音になっちゃうんだね。

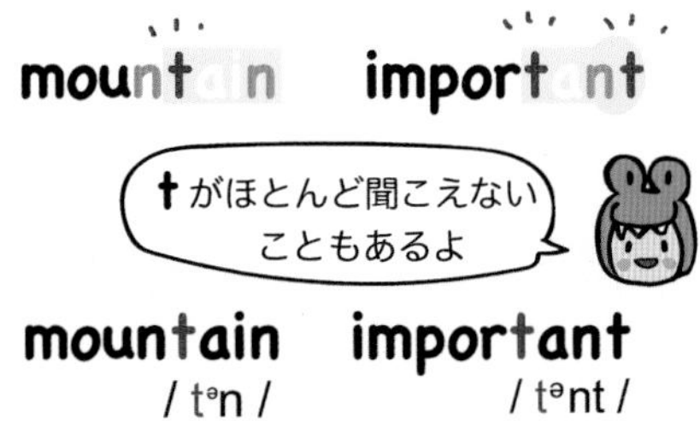

のみこむTを、文章で練習してみよう！

Written communication is important.

文書でコミュニケーションすることは大事です。

Do you know any international student?

外国からの留学生、だれか知ってる？

R
L
TH
T
WH W Y
M N NG
S SH
F V B
破裂音

Bob Ross demonstrated the joy of painting mountains.

ボブ・ロスは、山を描く楽しみをみんなに伝えた。

ボブ・ロスは、80 年代から 90 年代にテレビで活躍した、アメリカ人の画家だよ。

おしゃべりしながら、あっというまに風景画を描くんだよね。

近年、インターネットのミーム（meme）のおかげで、彼の絵や人柄が若い世代にも広く知られるようになりました。生きた英語を勉強したい人は、meme などもぜひチェックしてみてください。

動画でチェック

アメリカの T の発音②
（twenty, cotton の発音）

アメリカでは、T をのみこむことがある !?

★★★

Tがうしろの母音にくっつくと、Dみたいになる!?

アメリカのTの発音③
(Tのリンキング)

Tの音がいろいろあるっていうのはわかったんだけど、「リンキング」ってなに?

リンキングっていうのは、単語と単語をつなげたように発音することだよ。日本では「リエゾン」と呼ぶ人もいるけど、英語では、単純に言葉の終わりの音とつぎの単語のはじめの音をつなぐ、リンクする(link)という意味で、リンキングと言うんだ。

たとえば、これ、let it go 読める?

「レット・イット・ゴー」? あ、わかった! 「レリゴー」って言うんだよね。

おしい! このとき it は、あまり大事な意味がないから、let の T にくっついて、サクッと発音するんだけど、アメリカでは、「レティッゴー」や「レリゴー」じゃなくて、ラリルレロと /d/ の中間の音になるんだ。

あ、それって、water で習った、ぐうたらな T ?

正解！　water の発音、まだ見てない人は、check it out（見てみてね）！ちなみに、この check it out もそう。

日本では、「レリゴー」とか「チェキラ」というように、ラリルレロの音に聞こえる人が多いんだけど、もうすこし /d/ に近い音がするよ。

英語では、単語は１つ１つ切りはなして発音しないで、意味のまとまりごとにつなげて発音するから、この T のリンキングに慣れておくことが大事なんだ。

英語は、T の音で単語が終わることが多いから、たくさんくっつくよね。

そう。たとえば、it や that, what, about, at のほか、動詞も T で終わる言葉は多いよね。今回はたくさん文章で練習して、T のリンキングに、耳を慣らそう！

アメリカのTのリンキングを、文章で練習しよう！

/d/
get up

/d/
I get up at seven.

私は、７時に起きます。

/d/
get on

/d/
Let's get on the bus!

バスに乗ろう！

/d/
get it

/d/
I don't get it.

わからない。

/d/
bought a

/d/
She bought a cake.

彼女はケーキを買った。

/d/ /d/
Not at all.

Do you mind?

/d/ /d/
Not at all.

いいですか？　どうぞ。

これは、文字どおり訳すと「（私がここにすわったら）いやですか？」「いいえ、ぜんぜん」という意味になります。

/d/
It is

It's so hot!

/d/
It is!

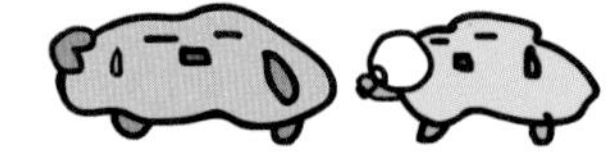

すごく暑いね。そうだね。

/d/
That is

/d/
That is so true.

ほんとだよね。
（Default はふだんの顔、ID は ID 写真の顔、Selfie は自撮りの顔）

/d/
what I

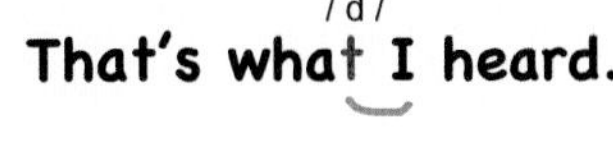

そういうふうに聞いたよ。

/d/ /d/
put it on

Just put it on the table.

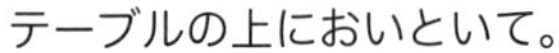

テーブルの上においといて。

 Tをつなげて発音できたかな？

 うまくつなげて話せると、英語がじょうずになったみたいに聞こえるね。

 最初はうまくできなくても大丈夫。自分でTのリンキングが発音できるようになると、相手のリンキングも聞きとれるようになってくるよ。

動画でチェック

アメリカのTの発音③（Tで単語がつながるとき）

Tの音を、つぎの母音につなげよう！

whatは、ホワットじゃない!?

WHの発音

この章では、意外にまちがえている人が多い wh の発音を練習してみよう。

white, why, whatの発音

たとえば、ファジー、white はどう読むか知ってる？

はい！ white は白いって意味でしょ。「ホワイト」！

残念！ wh は「ホワ」じゃないよ。white の h は発音しないから、「ワイト（「ト」は息を出さない /t/ の音）」、もしくは「ワイッ」と発音するのが正しいんだ。

ちなみに「Yシャツ」も、もともとは white shirt のこと。white が「ワィッ」に聞こえたから、Yシャツと言うようになったらしいよ。

white shirt ！ たしかに、単語の終わりの T ははっきり聞こえないから、white「ワイッ」が「Y っ」に聞こえるね！

why や what も同じだよ。
why は「ホワイ」じゃなくて「ワイ」。
what は「ホワット」じゃなくて「ワット（「ト」は、息を出さない /t/ の音）」、もしくは「ワッ」という感じ。

どちらも、ただの /w/ の音でいいんだ。

who, whose, whole の発音

だけど、who, whose, whole は、/w/ は読まないで、/h/ だけなんだよ。

ほんとだ！　whole cake は、日本でも「ホールケーキ」って言うよね。

who　　whose

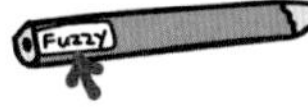

WHの発音を文章で練習しよう！

What's this?
Where did you get it?

これなに？　どこで見つけたの？

Who wants some tea?

お茶、ほしい人いる？

2/5

I read the whole book in one day!

3/5

本ぜんぶ、１日で読んだ！

Where is the best place for whale watching?

クジラを見るのに一番いいのはどこ？
（日本語では「ホエール」ウォッチングと言われていますが、英語では「ウェール」に近いです）

Which do you like better, white wine or red wine?

白ワインと赤ワイン、どっちが好きですか？

● 歴史的に、wh は /hw/ という発音だったのですが、現在では、/w/ と発音するのが主流です。/hw/ という発音は、スコットランドやアイルランド、アメリカ南部など、一部の地域の方言として残っているだけになっています。

日本でも、すこし前の世代では、what を「ホワット」と習った方もいらっしゃるようですが、「ワッ」のほうが通じやすいです。

動画でチェック

まちがえやすい wh の発音

white はホワイトじゃなかった！

そのほかの子音の発音 ⑥

P

基本は /p/。

ph のとき /f/ になることが多い。（例：phone, photograph, physical など）
しかし、人名の Stephen は、英語圏では、Steven と同じく「スティーヴン」と /v/ で発音することが多いので注意。

Q

基本は qu で /kw/ と発音される。（例：quick, quiz, queen など）

まれに、/k/ になることがある。（例：technique, unique など）

R

基本は /r/。

母音にくっついて、母音の音を変える。（例：girl, word など）
前書『あいうえおフォニックス　英語の母音をひらがな 5 つで完全攻略！』を参照してください。

★★★

Wは、くちびるがブルブルする!?

Wの発音

Wの発音も、日本では意外にまちがえている人が多いんだ。
ファジー、woodとwomanを読んでみてくれる？

はい！「ウッド」と「ウーマン」？

残念！　Wの音は、日本語では「ウ」と表現されることが多いけど、じつはちょっとちがうんだ。

あれ？　Wは口をまるくして発音するんだよね。私、ちゃんと口をそうしたよ。

口をまるくするのは、正解！　だけど、Wは、ただの「あいうえお」の「う」じゃなくて、もっとくちびるがブルブルする感じなんだ。

Wの発音は、「ふ〜っ」と火をふき消す感じ！

くちびるをブルブルさせて、Wの音を出すためには、まず、ろうそくの火をふき消すみたいに、「ふ〜っ」と息を出してみて。

ふ〜っ。

「ふ〜っ」ができたら、その口のまま声を出して「う〜」と言うと、くちびるがブルブルして、Wの音になるよ。

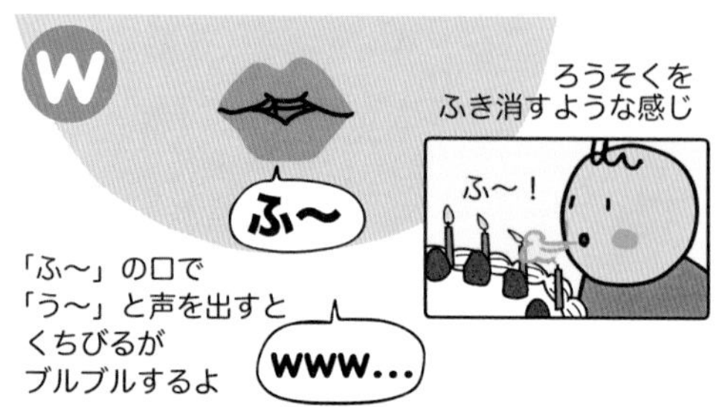

ほんとだ！　くちびるがブルブルする！

そう。wではじまる言葉は、このブルブルする「う～」っていう音でスタートするんだ。

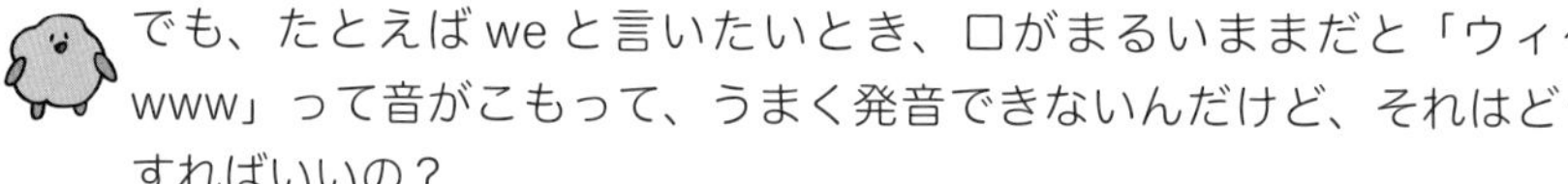
でも、たとえばweと言いたいとき、口がまるいままだと「ウィ～www」って音がこもって、うまく発音できないんだけど、それはどうすればいいの？

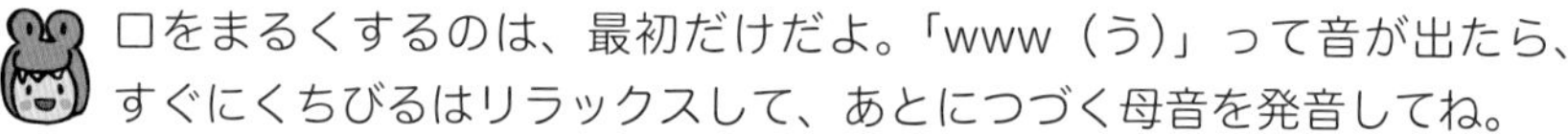
口をまるくするのは、最初だけだよ。「www（う）」って音が出たら、すぐにくちびるはリラックスして、あとにつづく母音を発音してね。

wがつく単語の発音を練習しよう

www wide

www window

www wood

www wet

日本語の「う」は、口をまるくしなくても発音できるから、ついつい日本語風に発音してしまいがちだけど、「ふ〜っ」と息を出すように、しっかり口をまるめてね。

それから、羊毛は「ウール」じゃなくて、「ウル」って短い音なんだね。

それに、wh ではじまる疑問詞も、ほとんどの人は W で発音するよ。

そうだった！　white とか what は、「ホワイト」や「ホワット」じゃないんだよね。

日本語の「わ」じゃなくて、ちゃんと W で言えたかな？

wがつく単語の発音を、文章でも練習しよう

Wait! What was that?

待って、なになに？

What will you do with this wood?

この木、どうするつもりなの？

We went to a waterfall last week.

先週、ぼくたちは滝へ行った。

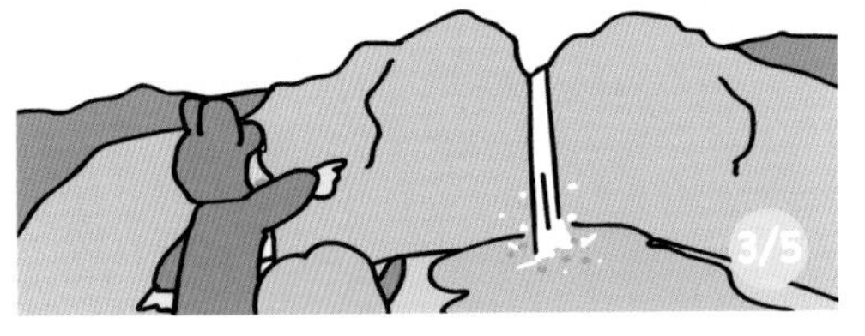

Which way is the wind coming from?

風はどっちからふいているの？

We were all wet
when we walked in the rain.

雨の中を歩いたとき、ふたりとも
びしょぬれになっちゃった。

動画でチェック

W の発音

W はくちびるがブルブルする？

そのほかの子音の発音 ⑦

S

s は、単語のはじめにあるときは /s/ の音になるが、それ以外の場所では、/s/ のほかに、is や has のように /z/ になるときや、/ʃ/ や /ʒ/ の音になるときがある。

/s/:（例：say, sing, basic, bus, this など）

/z/:（例：busy, easy, as, does など）

/ʃ/:（例：sugar, sure, tension など）

/ʒ/:（例：decision, vision, version など）

無音の s（例：aisle, island など）

SH

基本は /ʃ/。
mishear や dishonest のように、s と h のあいだで音節がわかれる場合は、/ʃ/ と発音しない。

/ʃ/:（例：dish, push, shoe など）

★★★

Yの発音は、空気の通り道をせまくする!?

ear と year の発音
（Yの発音）

ウェブサイト『あいうえおフォニックス』には、いつもたくさんのリクエストが届くのですが、そのなかでも１、２をあらそうほど多いのが、この「ear と year のちがいを説明してほしい」というものです。

じつは、ear と year は、聞きまちがえられてこまる、ということはあんまりないから、２つとも「イヤー」と発音しても、ちゃんと通じるんだけどね。

そう。あまり心配しなくても大丈夫。でも、せっかくだから、今回は ear と year のちがいを練習してみましょう！

２つの単語のちがいは、見てのとおり、ズバリ Y の音（発音記号では / j /）。今回は、Y の音がスパッとわかる実験を考えてみました。

Yの発音がわかる実験をしよう！

まず、日本語で「うーゆーうーゆー」と「うーうーうーうー」を、交互になんども発音してみてください。

「ゆ」のとき、舌はどういうふうに動いていますか？

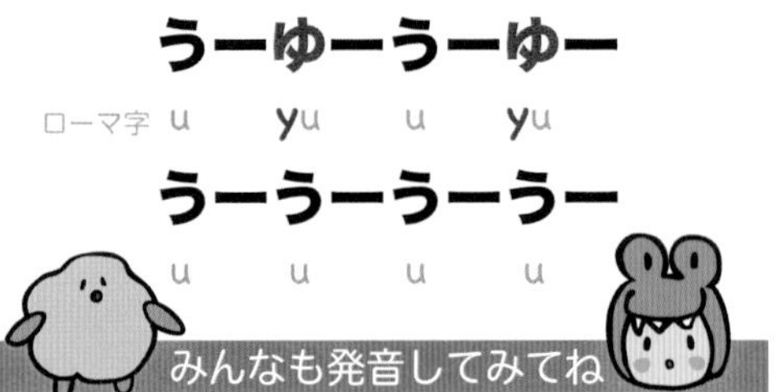

「ゆ」の音になるとき、舌がちょっともりあがってる！

正解！「うー」の音のときは、舌は下あごのところでリラックスしていますが、「ゆー」のときだけ、もりあがったような感じになっていませんか？
じつは、Ｙの音は、舌をもりあげて、空気の通り道をせまくすることで発音してるんです。

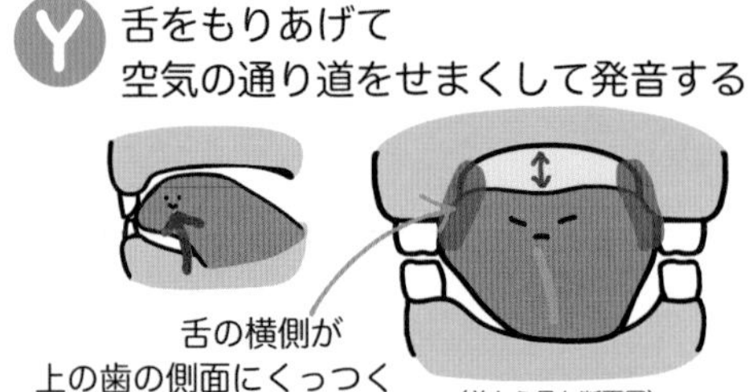

空気の通り道をせまくするの？

そう。それじゃこんどは、「あーやーあーやー」と言いながら、「や」の音がどうなっているか調べてみましょう。

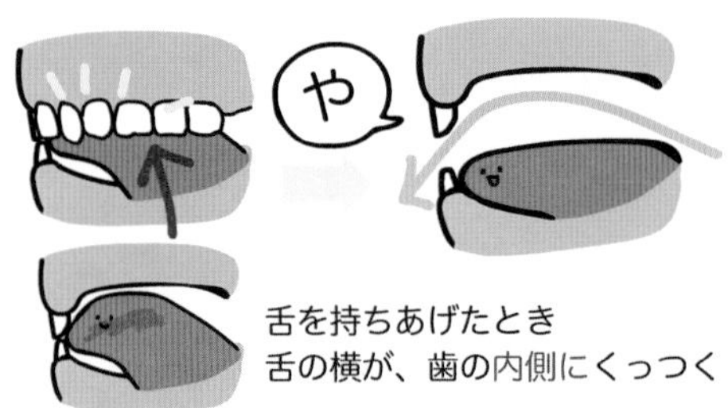

や
舌を持ちあげたとき
舌の横が、歯の内側にくっつく

「や」と言う瞬間、舌のまん中から前ぐらいのところが上にもりあがって、舌の側面は、上の歯の内側にふれるはず。「や」の音は、舌のまん中を通って出てきていませんか？

また、「あーやーあーやー」と言うと、「や」のときに、あごが上にもどってくるのがわかりますか？　それは、口を大きく開けたままではＹの発音（たとえば「や」と言うこと）はできないから。口を大きく開いたままだと、舌を上のほうにくっつけにくいからです。

ちなみに舌の先は、リラックスしていたときと同じ場所（下の歯のうら側あたり）にあるはず。

ほんとだ！「や」と言うとき、舌が口の中の天井に近づく感じになるね。

EとYeeの発音をくらべてみよう！

では、アルファベットのＥとYeeを交互に発音するので、聞きくらべてみましょう。

クリアな音　ちょっとにごった音

/i/

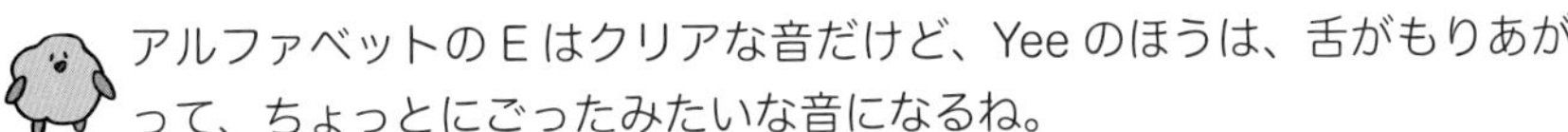

アルファベットのＥはクリアな音だけど、Yeeのほうは、舌がもりあがって、ちょっとにごったみたいな音になるね。

Yeeの音は、「い」の濁音（点々がついた音）のようだ、と表現する人もいるんですよね。

このYeeの音、もっとかんたんに出す方法もあります。

日本語で「ゆ」と言いながら、舌の位置をそのままに、口の両はしを横に引っぱってみましょう。「ゆ」からyeeの音になるか、ためしてみてください。

ゆ
Yee
「ゆ」と言いながら、
口を横に引っぱってもいい

ゆーYee、ゆーYee、ゆーYee、ほんとだ！

earとyearを練習してみよう！

それじゃ、クリアな音のearと、ちょっとにごった音のyearの発音を、練習してみよう！

Earとyearは、よく似ている音だから、すぐにじょうずにできなくても大丈夫！

yearの発音の、うらワザはこれ！

それでも、year の発音がどうしてもうまくできないという人のために、じつは、とっておきの方法があります。

「ラスト・イヤー」「ディス・イヤー」「ネクスト・イヤー」のように、カタカナ風に前の単語とのすきまをあけて発音すると、より一層クリアに「い」の音が強調されてしまって、E の音（すなわち ear）のように聞こえてしまいます。

すきまをあけて発音すると「イ」の音が目立ってしまう

だから、Y の音が苦手な人は、できるだけ前の単語と音をつなげて、「い」の音が目立たないように発音するのがポイント。たとえば、this year なら「ディッシヤー」のように発音します。

少なくとも、日頃よく使う「去年」「今年」「来年」は、つなげて発音できるように練習してみましょう。

自分が発音できるようになると、ネイティブの発音もきちんと聞きとれるようになるよ！

yearの発音を、文章で練習しよう！

They got married last year.

彼らは去年結婚した。

How was this year for you?

今年はあなたにとって、どんな1年だった？

2019 is the Year of the Boar.

2019 年は亥年です。

動画でチェック

ear と year の発音（Y の発音）

これでかんぺき！ ear と year のちがい

そのほかの子音の発音 ⑧

T

基本は /t/。

-ti- で /ʃ/。（例：action, station, education など）

tch や、ture などでは /tʃ/。（例：kitchen, catch, watch, culture, nature, future など）

無音の t。（例：castle, Christmas, fasten, listen, whistle など）

TH

/θ/ または /ð/。
ただし、国名のタイ Thailand や、テムズ川 Thames、人名のトマス Thomas など、th で /t/ と発音する固有名詞もある。

Mは、意外にNに似てる！

Mの発音

ファジーは、MとNの発音のちがい、わかる？

もちろん！　Nは「なにぬねの」、Mは「まみむめも」の音でしょ。

そうだね。音（音節）のはじめにあるときは、ローマ字のように発音するよね。

なにぬねの
na ni nu ne no

まみむめも
ma mi mu me mo

night
net

man

moon

でも、Mで音が終わるときは、どうかな。

Mで音が終わるとき？

たとえば、gumやteamは、どう読む？

ガム？　チーム？

おしい！　日本語みたいに「ガム」「チーム」って言いたくなるけど、音の終わりのMは、最後に「う」の口になったらダメなんだ。

この場合の M のポイントは、ただ1つ！

一番わかりやすいように、最後が N で終わる単語とくらべてみるから、よく聞いて、まねしてみてね。

N と M で終わる単語を練習してみよう

ほんとだ！　思っていたよりもＮに近い音がする！「む」じゃなくて、「ん」のように聞こえるね。

Ｍは、単語の終わりでなくても、音節の終わりにあれば同じだよ。computer や hamburger は、コ「ム」ピューターとか、ハ「ム」バーガーのようには言わないで、コ「ン」ピューター、ハ「ン」バーガーって言うよね。このように、Ｍの音は、口を閉じた「ん」が基本なんだ。

computer　hamburger

サイレントＥの単語は、音節に注意！

でも、「ネーム」や「タイム」みたいに、カタカナの「ム」で終わる言葉は要注意だね！

単語の終わりの e は、発音しないことが多いんだよね！

そう！　これは、「サイレント E」っていう、フォニックスの大事なルールの１つだよ。最後にある e は発音しないで、その前の母音をアルファベットを読むみたいに発音するんだ。
だから、name は「なめ」、じゃなくて、n-a「えぃ」-m ！

カタカナ風に「ネーム」って言うと、「ネー・ム」のように２つの音にわかれているように聞こえるけど、英語だと、音のかたまりは１つだね。

そのとおり！　とくに、母音が２つつながったような二重母音には注意してね。日本語だと、ネーム、ゲーム、ホーム、のように音をのばすように書くけど、英語では、ネィム、ゲィム、ホゥム、のように、a「えぃ」、o「おぅ」などのように、アルファベットの音をしっかり発音するんだ。

英語には「えー」の音はなくて、「えぃ」だもんね。

そう。ちなみに come と some だけは例外で、e は発音しないけど、o は「くらい あ」の音になるよ。だから、some（すこし）と sum（合計）は、同じ音なんだ。

Mで終わる単語を、文章で練習してみよう

Mom, I'm home!

ママ！　ただいま！

Come anytime.
You're always welcome.

いつ来てもいいよ。いつでも大歓迎！

Some computer problems are easy to fix.

コンピューターのトラブルには、すぐ解決するものもある。

Sometimes, I play on the same team with him.

ときどき、彼と同じチームでプレーするよ。

動画でチェック

M の発音

m は口を閉じて「ん」！

そのほかの子音の発音 ⑨

V

基本は /v/。
ただし、have to の v は /f/ で発音する。

W

基本は /w/。

無音の w。（例：answer, sword など）

wh は /w/ で発音する単語が多いが（例：what, wheel, where など）
/h/ で発音する単語もある。（例：who, whole, whose など）

また、w は、母音にくっついて母音の音を変える。（例：cow, law, few など）
前書『あいうえおフォニックス　英語の母音をひらがな 5 つで完全攻略！』を参照してください。

X

基本は /ks/。（例：box, six, expand, extra など）

母音のあいだにはさまれ、うしろの母音にストレス（アクセント）があるときは、/gz/。（例：exam, example, exist, exit など）

単語のはじめにあるときは、/z/ となる。（例：xylophone）
キシリトールは、英語で xylitol「ザイロトール」と発音する。

Y

子音 /j/（例：yes, yo-yo, you など）のほか、「あぃ」や「いー」などの母音になる。（例：cry, dry, happy, very など）
前書『あいうえおフォニックス　英語の母音をひらがな 5 つで完全攻略！』を参照してください。

Z

基本は /z/。

tz で「ツ /tz/」の音になるときがある（例：pretzel, Switzerland など）

～ingは「イング」じゃない？

NとNGの発音
（ingの発音）

ねえファジー、Nではじまる単語は「ナニヌネノ」のように、ローマ字式に読めるけど、man, green, ten, balloon みたいに、Nで音が終わるときはどんなふうに発音するか、わかるかな？

あ、それはかんたん！　「ん」だよね！

正解！　Nで終わる音は、だいたい日本語の「ん」と同じように発音するよ。

Nで音が終わるときの、舌の位置を調べよう

たとえば「パン**と**、ごはん**と**、どっちがいい？」って言うとき、「ン」や「ん」の舌は、どうなってるかわかる？

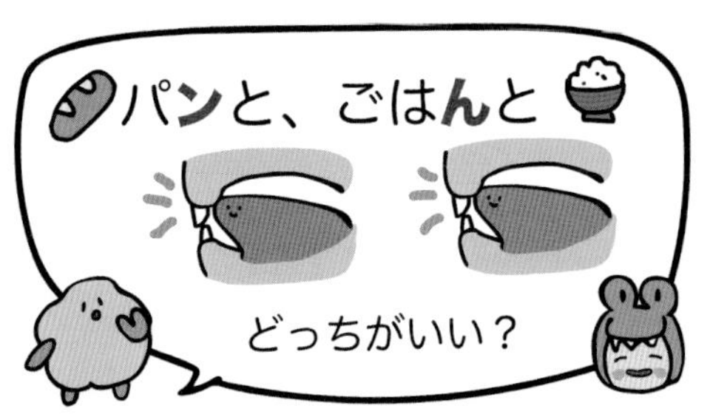

パン**と**、ごはん**と**……。舌は、上の歯ぐきのところにくっついてる！

そう！　この「ん」が基本のＮの音。鼻すじを軽くつまむようにして「パンと、ごはんと」と言ってみると、「ン」「ん」の音のところで、鼻の中を空気が通るから、鼻がブルブルふるえるんだ。

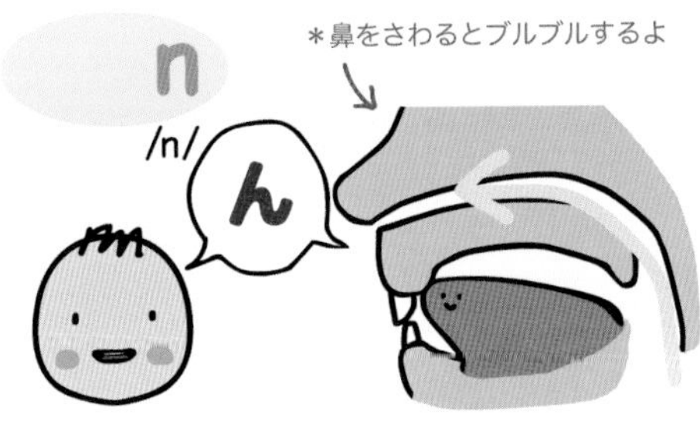

＊鼻をさわるとブルブルするよ
n
/n/
ん

舌をつけないＮの音がある!?

じゃあ、今度は「パン**か**ごはん**か**、どっちがいい？　パン**が**すき。ごはん**が**すき」って言ってみて。

パン**か**、ごはん**か**……私は、ごはん**が**すき！　あ、Ｎなのに、今度は、舌が上の歯ぐきについてない!?

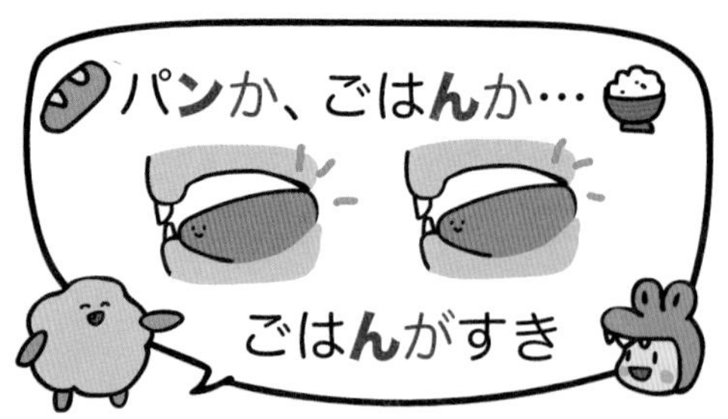

そう！　じつは日本語といっしょで、英語でも、N の音のあとに k や g がつづくときは、ふつうの N みたいに舌が歯ぐきにつかなくて、自然に舌のうしろが持ちあがって、「んが」「んぐ」っていう音になるんだ。NG/ŋ/ のイメージは、「んが〜」って鼻に抜けるような音だよ。

NG/ŋ/の単語を練習しよう

だから drink, thank, finger, English のような単語は、N って書いてあっても、舌を前の歯ぐきにつけなくていいんだ。

舌を前につけなくていいのは、らくだね！

そうだね。だけど、long, young のように NG で音が終わるとき、ついつい「ロング」「ヤング」のように、「グ」を発音してしまう人が多いんだ。

え？　long は、「ロング」じゃないの？

/long/ と、軽く /g/ をつけてもまちがいじゃないけど、じつは、なしでいいんだ。「ロン」とか「ヤン」とかのように、舌をつけない「んぐ」という音で発音するよ。

それで言うと、～ing も同じ。「イング」じゃなくて、「イン」みたいな音になって、最後の「グ」はいらないんだ。

えええ！　～ing は、イングじゃなかったの !?

そうだよ。じゃあ、～ing の単語の発音をいっしょに練習してみよう。

ingの単語を練習しよう

swimmingは「ス・イ・ミ・ン・グ」じゃなくて、swim-mingで「スィ・ミン」！　音のかたまり（音節）は2つだよ！

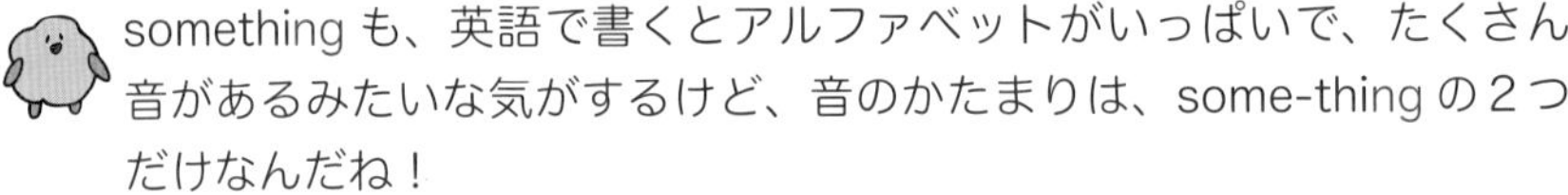

somethingも、英語で書くとアルファベットがいっぱいで、たくさん音があるみたいな気がするけど、音のかたまりは、some-thingの2つだけなんだね！

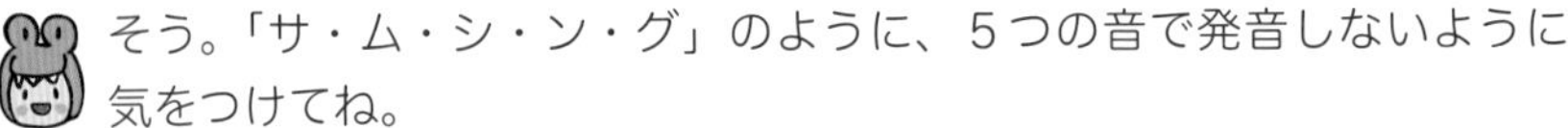

そう。「サ・ム・シ・ン・グ」のように、5つの音で発音しないように気をつけてね。

つぎの単語は、ぜんぶ1音節だよ。

wing
/ŋ/

thing, wing は、ずっと「シング」「ウィング」と言うんだと思ってたけど、これからは、もう「グ」はなしね！

NとNGの単語を、文章でも練習しよう

The king likes to sing a song.
/ŋ/ /ŋ/ /ŋ/

王さまは歌を歌うのが好き。

I'm going to
/ŋ/ (gonna)

open a bank account.
/ŋ/

私は銀行口座を開く予定です。

Bank

I'm so hungry. I need something to eat and drink.

すごくお腹がすいた。なんか飲みものと食べものがいる。

She found a pink button on the ground this morning.

彼女は、今朝、ピンクのボタンが地面に落ちてるのを見つけた。

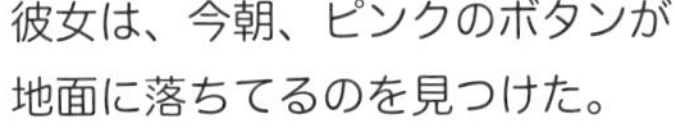

Nは日本語の「ん」みたいで、かんたんだね〜。

そういえば、I'm going toは、ふだんの会話では、I'm gonna（「ゴナ」または「ガナ」）と言うことが多いよね。

そうだね。gonnaの発音が知りたい人は、このあとのQRコードで動画を見てね！　でも、発音するときはgonnaでも、書くときは省略しないで、ちゃんとI'm going toと書いてね！

動画でチェック

thinとthingの発音（Nの発音）

thingはシングじゃないの!?

going toとgonna

going toのリダクションgonna

Nなのに、Mのように発音するときがある!?

andの発音

この章では、and の発音を練習してみよう！

あれ？　and は「アンド」じゃないの？

そう。多くの人は、1 文字ずつ区切って、a-n-d /æ n d / と発音すると思っているけど、実際の会話では、d を発音することはめったにないんだ。

/æ/ /n/ /d/
and ドゥッ
と息を出さないよ!

andの発音は、「あん」か「ん」！

andの発音は
くらくて弱い音だね! (あ)ん /ən/ か ん /n/

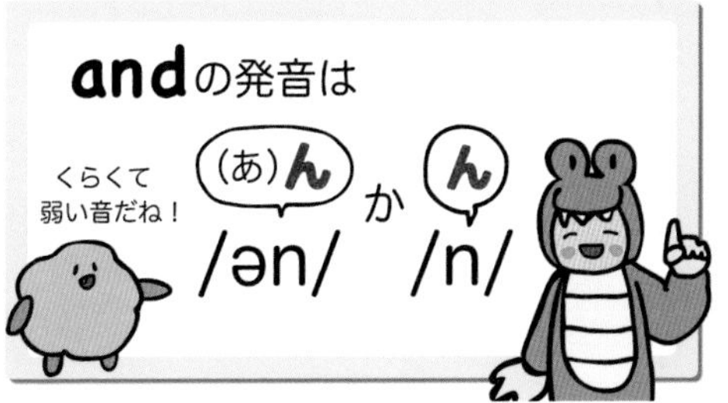

andは「あん」か「ん」！　終わりのdは「ドゥッ」って息を出さないんだね。

そう。たとえば、rock and rollはほんとうはandなんだけど、rock‘n’roll、fish and chipsをfish‘n’chips、cookies and creamをcookies‘n’creamのように、nで省略して書くことも多いよ。

たしかに、そういう名前のアイスクリームあるね！

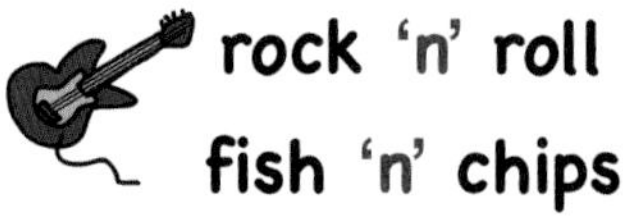

cookies ‘n’ cream

日本語でも「今日と明日」と言うとき、「と」という音は、短く弱く発音するよね。

英語も同じで、ふつう、today and tomorrowと言うとき、andを強調する必要はないから、サクッと短く発音するんだ。

今日と明日

andのリンキングを練習しよう

それから、and は母音ではじまるから、前が子音だったら、つなげるように発音してね。たとえば、black and white だったら「ブラック・アン・ワイッ」のように、ぶつ切りで言わないで、「ブラッカンワイッ」のように発音するよ。

up and down も「アッパンダウン」なんだね。

black and white

up and down

Monday and Tuesday

月火水木金土日

ketchup and mustard

boots and pants

boots and pants は「ブーツ・アンド・パンツ」じゃなくて、「ブーツァンパンツ」！　３つの単語なのに、つながって聞こえるね。

andが入った文章を練習してみよう

Just wait and see.

ちょっと待っててごらん。

It's nice and cool out here.

外はすずしくて気持ちいいよ。

They're brother and sister.

彼らはきょうだいだよ。

Would you like milk and sugar?

ミルクとおさとう、いかがですか？

Nなのに、Mのように発音するときがある!?

ここからはちょっと上級者向けのおまけ。
じつは、N の音って、M になるときがあるんです。

えっ、N が M になるの？

つぎの言葉をよく聞いてみてください。N の音、どういうふうに聞こえますか？

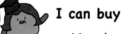

ten men	tem men
on purpose	om purpose
in pairs	im pairs
I can buy	I cam buy
on Monday	om Monday

もちろん、ゆっくりていねいに話すときには、ten men のように、N の音で発音しますが、ふつうの会話のスピードだと、言いにくいから、tem men と発音していることも多いんです。

たしかに、M のほうが言いやすいけど、そんなことしても通じるの？

じつは日本語でも、N の音を M で発音しているときがあるんです。

たとえば、「パンもごはんも、どっちもすき」と言うときの、「ん」の口はどうなっていますか？　自然に口を閉じた M で発音しますよね。新橋や難波の「ん」は、ローマ字で Shimbashi、Namba と表記することもあります。

英語の N も、日本語の「ん」と同じように、すぐうしろに口を閉じる音（m や p や b）がつづくときは、言いやすいように M の音に変わることがあるんです。

たしかに、新橋も Shinbashi より Shimbashi のほうが言いやすいね。

and の場合もそうだよ。たとえば、you and me は、you an me じゃなくて、くっつけて you am me のように発音することが多いんだ。

それじゃあ、and を am と発音する言葉、いっしょに練習してみましょう。

andをamと発音してみよう！

ハンドバッグ、じゃなくて、ham-bag（ハムのカバン）のようになるんだね。

もちろん、ぜったいにham-bagのように発音しなくてはいけない、というわけではありません。日本の人は、書いてある文字をぜんぶしっかり発音しようとか、発音記号のとおりに発音しなければいけない、と考えがちです。でも、実際の英語は、もっとフレキシブルに話されているのです。

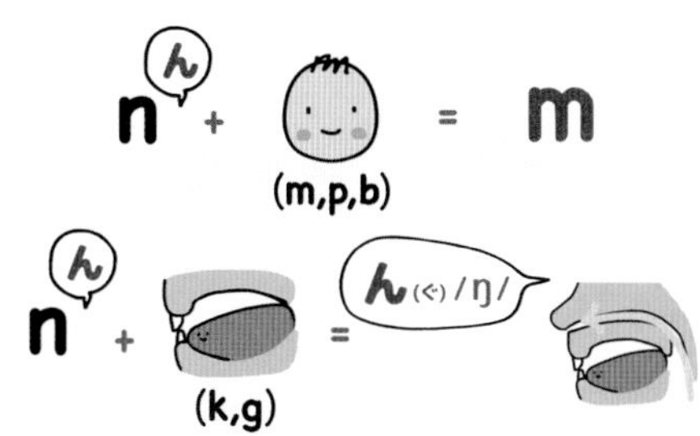

一番いいのは、ネイティブの発音をよく聞いて、その音をまねすること。そうすると、通じやすい自然な英語になるよ。

そのためには、発音記号だけで発音を勉強するのではなく、できるだけたくさんの英語を聞いて、実際の音をまねするようにしてみましょう。

ゆっくりしたスピードの英語の教材は、不自然なくらい、すべての子音をしっかり発音しすぎる傾向があるので、あるていど英語に慣れた人は、ぜひニュースやドラマなど、ふつうのスピードの英語をたくさん聞いてみてください。

聞く量が増えれば、自然にリスニングとスピーキングも上達します。アリーとファジーといっしょに、がんばりましょう！

動画でチェック

andの発音

NをMのように発音するときがあるの？

SとSHの音は、日本語にもある!?

SとSHの発音

S /s/ と SH /ʃ/ の発音は、苦手な人がたくさんいるみたいだけど、ファジーはどうかな？

S と SH ？

たとえば、sock の /s/ と shock の /ʃ/ がそうだよ。

あれ！　くつしたのことを「ソックス」というのは、両足ぶん２つそろってるから socks で、片足だけだと sock「ソック」なんだね！

じつは /s/ と /ʃ/ の音は、日本語にもあるんだ。だから、どの音かわかったら、子どもでもかんたんに発音できるよ！

/s/ の発音がわかる実験をしよう！

まずは、/s/ の音！　日本語で「バス」「ガス」「です」って言ってみよう。

このとき、バスぅ、ガスぅ、ですぅという最後の「う」の音を言わないで言うことができるかな？
（ヒント：関西弁では、バスぅ、ガスぅ、ですぅ、と「う」がつきやすいから、このときだけは、標準語のように、バス、ガス、です、と発音してみよう！）

じょうずにできているか知りたいときは、ssssssssss と、息を長く出してみよう。そのとき、のどをさわってみて。のどがぜんぜんブルブルしてなくて、/sssssssssss/ って音が、歯と歯のすきまから出ていれば OK ！

逆に、のどがブルブルして、「す～～～～う」と最後に「う」になったら、だめだよ。

ssssssssssssss
のどがブルブルしない

す～～～～う

「す～～～～う」じゃなくて、/ssssssssss/

そうそう！　これが /s/ の音！

/s/の単語を練習しよう！

ssssssun
sun

ssssssit
sit

できた！　けっこうカンタンだね。

/ʃ/の発音がわかる実験をしよう！

つぎは、sh/ʃ/ の音！

今度は、「歌手」「ダッシュ」「ティッシュ」を、歌手（ぅ）、ダッシュ（ぅ）、ティッシュ（ぅ）のように、最後の「う」を言わないで発音できるかな？

「ティッシュ」は、じつはちょっと変わった外来語です。

ふつう外来語は、日本語になったときに、book →ブック（ku）、dog →ドッグ（gu）のように、最後に母音「う」がつくことが多いのですが、ティッシュの場合は逆で、もとの英語の tissue には「ティシュー（う）」と、最後に長い「うー」の音があるのに、日本語のティッシュは「う」の音が短く、ほとんどなくなっています。
今回は、あくまでも日本語風の「ティッシュ」で、「シュ」の音を練習してみてください。

この「しゅ〜〜〜〜」/ʃ/ も、のばして言ってみよう！
のどをさわったとき、ブルブルして「しゅ〜〜〜〜う」と、おしまいが「う」になったらダメだよ。

のどがぜんぜんブルブルしてなくて、「しゅ〜〜〜〜」って言えたらOK！

「しゅ〜〜〜〜う」じゃなくて、「しゅ〜〜〜〜」。

そうそう。汽車がシュッシュッと走るような感じ。これが sh /ʃ/ の音！

/ʃ/の単語を練習しよう！

shhhhhshoe
shoe

（くつは、片ほうだけだと shoe「シュー」で、両足そろうと「シューズ」shoes になります）

（半ズボンは、いつでも複数形で、1 枚でも shorts です。P.70 もご参照ください）

SとSHの発音を、文章で練習してみよう

Is this seat taken?

この席、あいてますか？

She is not shy.

彼女は人見知りしない。

She sells seashells by the seashore.

[英語の早口言葉]
彼女は海岸で貝を売っている。

アリーが早口言葉に成功して言った言葉：I hit it! Oh no! Let's go!（できた！　まさか！　やった！）

私は、つぎの早口言葉ならじょうずに言えるよ！

How much wood would a woodchuck chuck

if a woodchuck could chuck wood?

もしウッドチャックが木をたおせるなら、
どれだけの木をたおせるだろうか。

ウッドチャックというのは、マーモットの一種です。chuck は、「ぽいっと捨てる（「投げる」とか「放る」）という意味で使うことが多いのですが、アリーもファジーも、この場合はビーバーのように木を切りたおすイメージで考えているそうです。

よく、「早口言葉で英語の発音を練習しよう」という人がいるけど、じつは、ネイティブでも、早口言葉はむずかしいよ！

だから、早口言葉がうまく言えなくても、心配しないでね！

● S の発音は、じつは、/s/ だけではありません。S が単語の一番はじめにあるとき（例：say, smile など）は /s/ の音ですが、音節の終わりに来るときには、/s/ だけでなく /z/ にもなります。たとえば、yes, this などは /s/ ですが、his, is などは /z/ になりますよね。

また、tension, sugar のように、S だけで /ʃ/ の音になったり、decision, vision のように、/ʒ/ の音になることもあります。

まちがえやすいのが、aisle の発音です。飛行機のチケットを予約するとき、通路側がいいか窓側がいいか聞かれることがあります。私は、ほんとうは通路側がよかったにもかかわらず、aisle（通路）の発音に自信がなかったので、window（窓）側を予約してしまった経験があります。aisle の s は、発音しません。じつは file, mile, tile と韻をふむような感じで、「アイル」と発音します。island の s を発音しないのと似ていますよね。

● SH の発音は /ʃ/ ですが、mishear や dishonest のように、音節がわかれる場合は、そうではありません。

また、/ʃ/ の音は、SH 以外にもいろんなスペリングがありますが、よくあるのは以下の場合です。

ss: discussion, expression, pressure など
ti: action, station, patient など
ci: musician, special, social など

/ʃ/ の変わったスペリングとしては、anxious, machine があります。

動画でチェック

s と sh の発音

日本語にも s と sh の発音がある？

★★★

英語の「シー」は２つある？

sea と she の発音

ねえファジー、英語では「シー」の音が２つあるの、知ってる？

え？ 「シー」が２つ？

そう。たとえば、c, sea, see の /siː/ と、she/ʃiː/。日本の人は、どっちがどっちかわからなくなって、発音をまちがえてしまうことが多いんだ。

/s/ と /ʃ/ の発音は、のどに手をあてて、sssss の音と shhhhhh の音を練習することで、十分できるようになるのですが、「そのときの舌の位置が知りたい」というリクエストも多くいただきます。

そこで今回は、とくに言いにくい /siː/ と /ʃiː/ について、くわしく解説したいと思います！

sea の発音は、上の前歯のうしろに注目！

まず、/siː/ の発音から。
口は、最初から、ほほえむみたいに横に引っぱってスタートします。すこしだけ口を開いて、上の歯と下の歯をそろえるような感じにすると、言いやすいですよ。

口はちょっとスマイル！
上の歯と下の歯をそろえるようにして、少し開ける

つぎに、舌の位置ですが、大まかに２つのやりかたがあるので、らくにできるほうを選んでください。

１つは、舌の先を、下の歯の根もとにぎゅっと押しあてます。すると、舌の上がもりあがって、上の前歯のうら側に近づくはずです。このせまくなったスペースに、息を強く通すと、/siː/ の音が出ます。

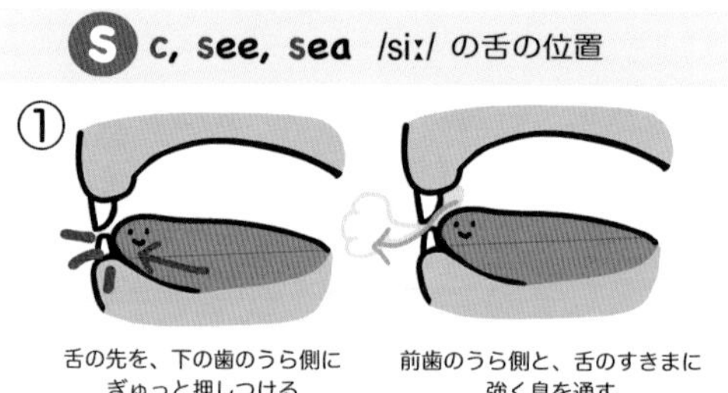

S c, see, sea /siː/ の舌の位置
①
舌の先を、下の歯のうら側に
ぎゅっと押しつける
前歯のうら側と、舌のすきまに
強く息を通す

もう１つは、舌を上の歯と歯ぐきのさかい目のあたりに持ちあげます。舌の先と前歯のうら側のあいだに、ちょっとだけスペースをあけて、そこにいきおいよく息を通します。

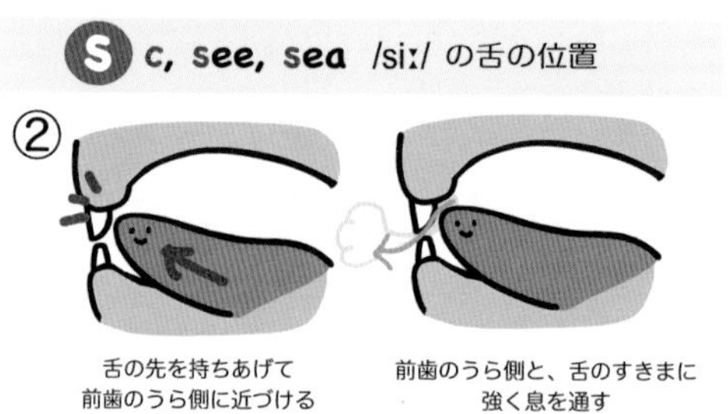

S c, see, sea /siː/ の舌の位置
②
舌の先を持ちあげて
前歯のうら側に近づける
前歯のうら側と、舌のすきまに
強く息を通す

どっちの方法で発音してもいいよ！

この２つの方法、一見、舌の位置はだいぶちがうように思えます。でも、どちらも、前歯のうらのスペースをせまくして、そこに強く息を通すことで sssssss の音が出るようにしているのです。

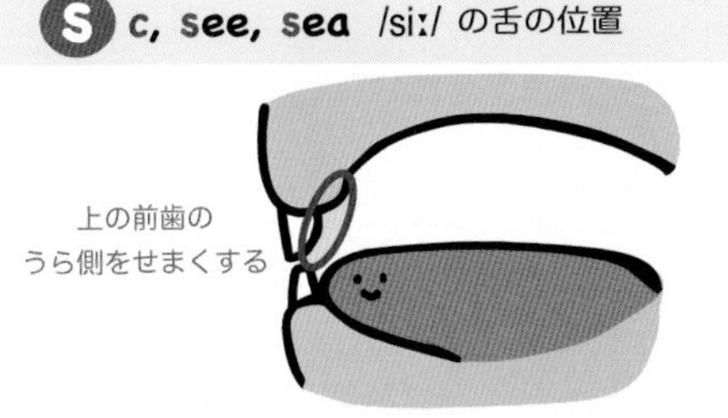

sheは、歯ぐきのボコボコしたところをせまくする

つぎに、/ʃiː/ の発音です。

こんどは、口をちょっとまるくしてスタートしたほうが、発音しやすいです。口をすこしとがらせてもいいです。

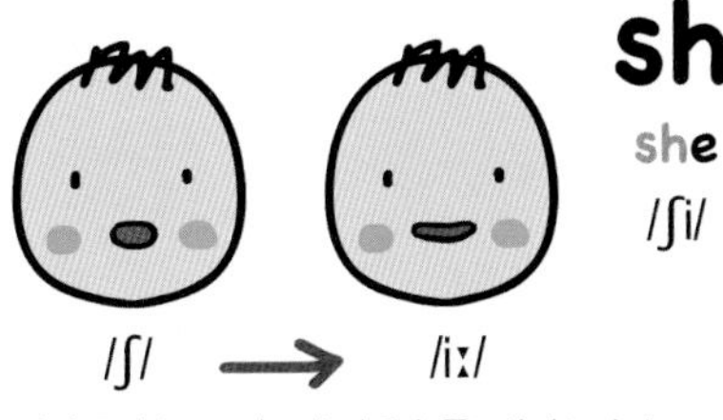

口をまるくしてスタートすると言いやすいよ！

she のときは、上の歯ぐきの内側のボコボコしたところから、大きくカーブしはじめるあたり、ここの空間をせまくします。

これも、２つの発音のしかたがあります。

１つは、舌をすこし巻くようにしてせまくする方法。もう１つは、舌を巻かないで、舌を持ちあげるようにして、息の通り道をせまくします。

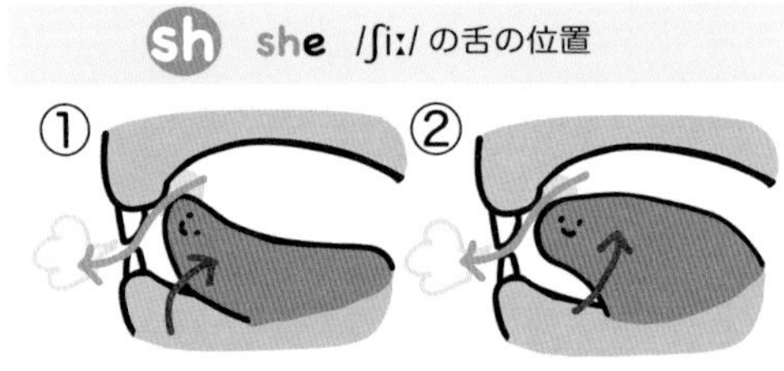

舌は、少し巻いてもいいし、持ちあげるだけでもいい

/ʃ/ の音のほうが、口の奥のほうから出てくることがわかるかな？

どっちの方法でもいいから、らくに /ʃ/ の音が出る舌の場所を選んでね！

/s/ と /ʃ/ の発音をくらべてみよう

じゃあ、交互に発音してみましょう。

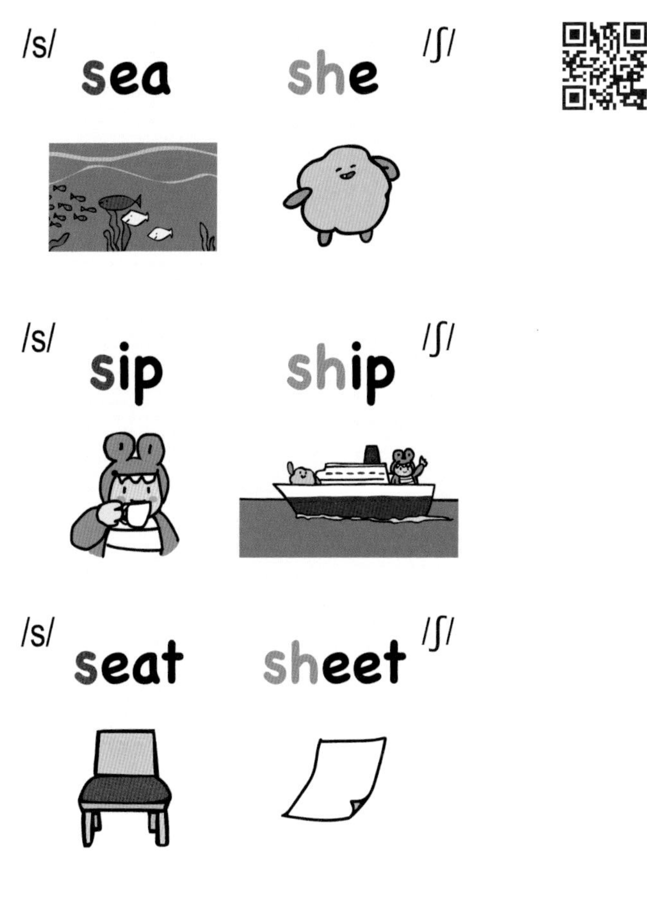

sheの発音は、サクッと！

sea/siː/ と、she/ʃiː/ の発音、私も以前は苦手でした。でも、たとえまちがえても、文章で会話しているかぎりちゃんと通じるので、心配しないでくださいね。

それから、じつは、she の発音は、ふだんの会話では、/ʃiː/ とのばすことは少なくて、サクッと短く「し」ということが多いのです！　she と sea の音の長さ、くらべてみてください。

/ʃi/ /siː/

She loves the sea.

彼女は、海が大すきだ。

だから、実際の英会話では、she を「シー」とのばしすぎないのも、ポイントです。

/s/と/ʃ/の発音を、文章で練習してみよう

/s/ と /ʃ/、まちがえてもいいから、リズムに乗って、まねしてね！

Is she your sister?

あの子、きみの妹？

Please have a seat.

どうぞ、おすわりください。

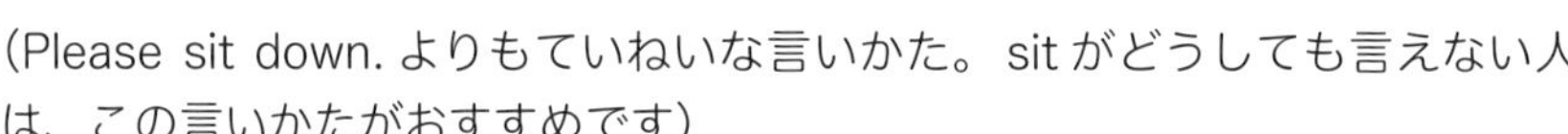

(Please sit down. よりもていねいな言いかた。 sit がどうしても言えない人は、この言いかたがおすすめです)

Is the shipping free?

送料はただ？

Do you like sitcoms?

シットコム（sitcom = **sit**uation **com**edy の略。アメリカのコメディドラマのこと）は、すき？

What is your favorite seafood?

一番すきなシーフードはなに？

Can I have a sheet of paper, please?

紙を１枚ください。

Have you ever seen the movie,
Hachiko?

ハチ公の映画、見たことある？

● /siː/ と /ʃiː/ の音が日本の人にとってむずかしいのは、なぜでしょうか。そのヒントは、「さしすせそ」の「し」にあります。じつは日本語の「し」は、/ʃi/ の音だと言われています。

たしかに、静かにして、と言うときの「しー！」も、/ʃiː/ の音ですよね。

s /s/ と sh /ʃ/ の音は、「ソック (sock)」と「ショック (shock)」でおわかりのように、「さしすせそ」と「しゃしぃしゅしぇしょ」で、だいたいおきかえられます。

ところが「し」だけが、/si/ の音ではなくて「しぃ」/ʃi/ の音になっているので、シート（seat）と発音しているつもりでもシート（sheet）になってしまうのです。

/si/ の音は、日本語の「し」で言わないように、前歯のうらの空間をせまくするように意識してみましょう。すきまから /ssssss/ と息を出すように練習をすると、じょうずに /si/ が発音できるようになりますよ。

動画でチェック

sea と she の発音

s と sh の舌の位置が知りたい人はこちら！

s と sh の発音

日本語にも s と sh の発音がある？

★★★

F と V は、くちびるをかまなくてもいいの!?

FとVの発音

FとVの発音のしかた、私知ってるよ！　歯をビーバーみたいにして、下くちびるをかむんだよね？

うーん。でも、くちびるをしっかりかんでしまうと、しゃべりにくいよね。

うん。しゃべりにくい……。じゃあ、どうすればいいの？

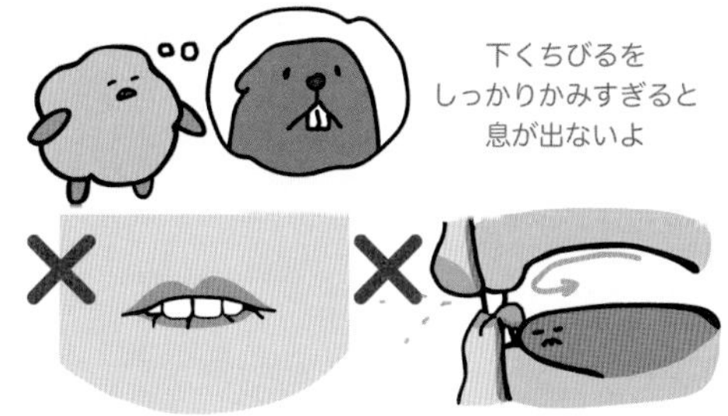
下くちびるを
しっかりかみすぎると
息が出ないよ

じつはFとV、あんまり無理に前歯を出して、くちびるをかまなくてもいいんだ。

えっ、かまなくていいの？

FとVの発音のしかた

まず、下くちびるを横から見てみよう。外側のかわいてるところと、口の中のぬれてるところ、そのちょうどさかい目あたりに、上の前歯を、軽くちょんとのせてみて。

かわいてるところと、ぬれてるところのさかい目に、のせるだけ？

うん。どっちかって言うと、ぬれてるところのほうに、歯をつける人もいるよ。

f
かわいてるところと、ぬれてるところの
さかい目に歯をのせる
v
かわいてるところ
ぬれてるところ
ぬれてるところでもいい

そして､歯をつけたままで息をふーって出すと､fffff と､F の音になるよ。

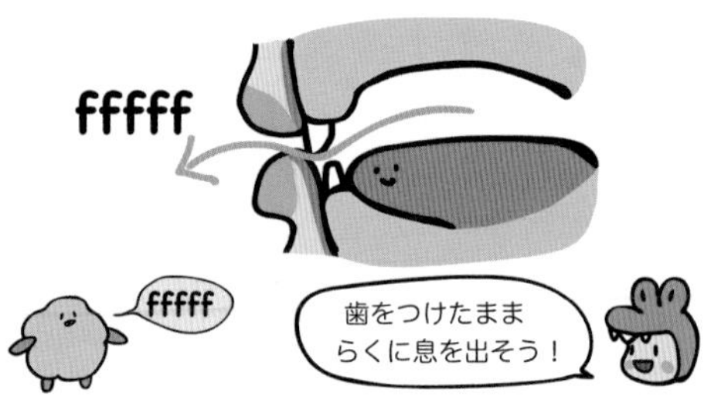
fffff
fffff
歯をつけたまま
らくに息を出そう！

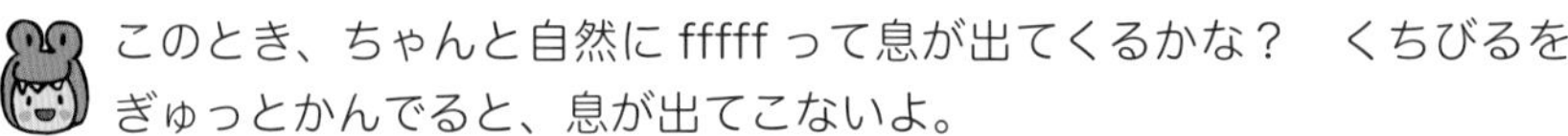このとき、ちゃんと自然に fffff って息が出てくるかな？　くちびるをぎゅっとかんでると、息が出てこないよ。

そして、この状態で声を出したら、下くちびるがブルブルするよ。

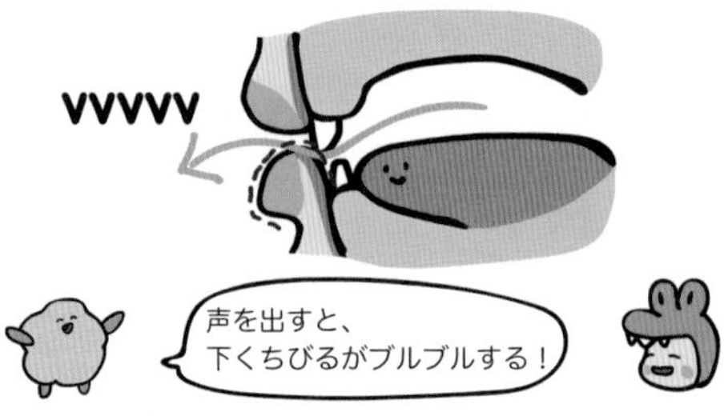
vvvvv
声を出すと、
下くちびるがブルブルする！

ほんとだ！　下くちびるがブルブルする！

たとえば、fan や van のように、F と V のあとに母音がつづいて音節になるときは、ちょっと下くちびるを前にはじくようにしてもいいよ。

FとVの単語の発音をくらべてみよう

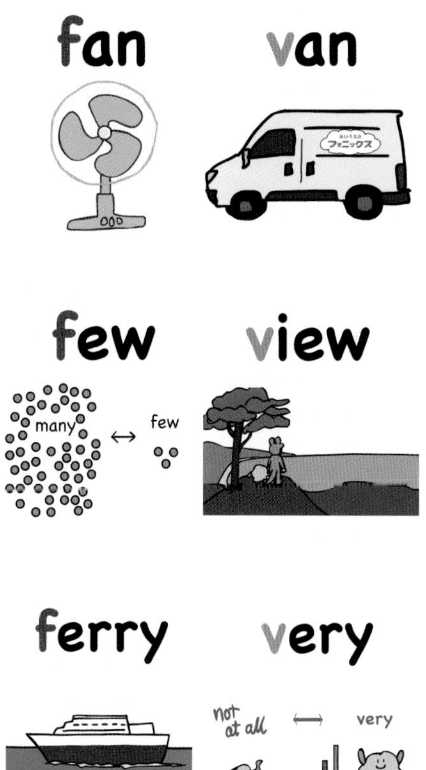

できた！

FとVで音が終わるときは、音節に注意！

つぎは､FとVで音が終わる単語の発音を練習してみよう。このときは、音のまとまりに気をつけてね。

どういうこと？

たとえば、safe と save は「セイ・フ」､「セイ・ブ」って２つにわけないんだ。エィって言ったあと、すぐに上の前歯を下くちびるにくっつけて、おしまい。

下くちびるをはじくようにして、無理にＦ（フ）とかＶ（ヴ）って言わなくてもいいんだね。

safe と save、どちらも１音節だから、ひとかたまりで言うのが大事なんだ。

surf 

FとVのつく発音を、文章で練習してみよう

Do you have free WiFi?

無料の WiFi ありますか？

Can you move over a bit?

もうちょっと、むこうに行ってくれる？

BFF means

BFF は、大の親友ってこと。

Do you live with your family?

家族といっしょに住んでるの？

Which is more expensive,
fish or beef?

お魚と牛肉、どっちが高い？

動画でチェック

f と v の発音

f と v は、くちびるをかまなくてもいいの？

★★★

BとVの音のちがい、聞きとれる？

BとVの発音

さて、この章では、BとVの発音のちがいを練習してみよう。

Bの発音はカンタン！　日本語の「バビブベボ」といっしょだよね。

そうだね。Bは、口を閉じるってところがポイントだよ！　Bの音は日本語にもあるから、みんなできると思うけど、Vの発音はどうかな？

Vの発音は、くちびるを歯でしっかりかんじゃダメなんだよね。

そう。この前の「FとVの発音」で説明したよね。くちびるの、ぬれてるところと、かわいているところのさかい目に、前歯をちょんとのせるだけ。そのまま声を出すとvvvvvと、Vの音になるんだ。

もっと内側の、ぬれてるところに前歯をつけてもいいんだよね。

そのとおり。BとV、英語でははっきりちがう音なのに、日本語では同じように書くから、ついついBとVをまちがえやすいんだ。

strawberryの「ベリー」も、very goodの「ベリー」も、カタカナで書くと同じだもんね。

BとVの音のちがいとしては、Bは、くちびるで出す破裂音(はれつおん)だから、短い音になるけど、Vは、くちびるで上の前歯でつくる摩擦音(まさつおん)だから、それよりはちょっと長い音にすることもできるよ。

R
L
TH
T
WH W Y
M N NG
S SH
F V B
破裂音

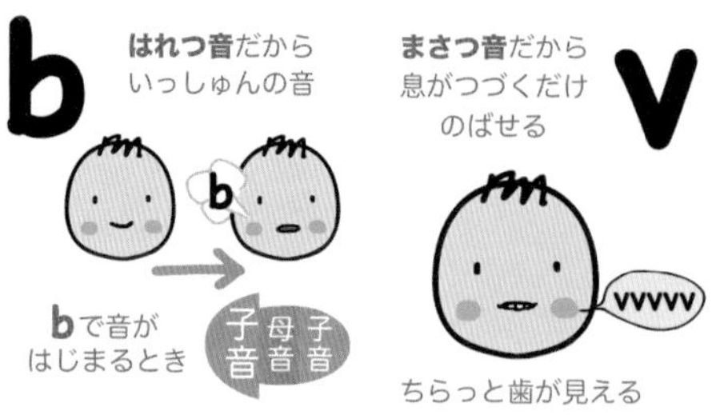
b
はれつ音だから
いっしゅんの音
b
bで音が
はじまるとき
子音
母音
子音
まさつ音だから
息がつづくだけ
のばせる
v
vvvvv
ちらっと歯が見える

たしかに、Vを発音するときは、Fと同じで、前から見るとちらっと歯が見えるね！

BとVのつく単語をくらべてみよう

それじゃ、BとVのつく単語の発音をくらべてみよう！　よく聞いてね。

ban
van
NO
boat
vote

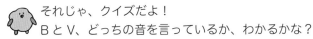

それじゃ、クイズだよ！
BとV、どっちの音を言っているか、わかるかな？

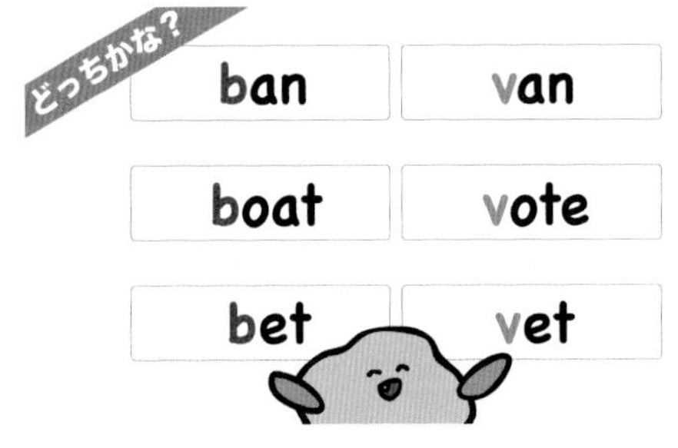

(答え：van, boat, vet)

habit　have it

またまたクイズだよ。どっちの音を言っているか、わかるかな？

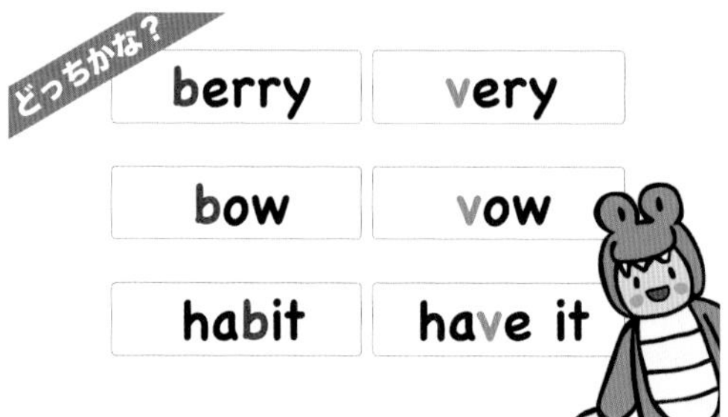

(答え：very, bow, habit)

BとVのまざった単語を練習しよう！

じゃあ、つぎは、BとVがまざった単語を練習してみよう。とくに、日本でカタカナ語にもなっている言葉（エブリバディ、ベジタブルなど）は、Vが「バビブベボ」になってしまうことが多いから、英語で発音するときはVの音を意識するようにしてね。

everybody

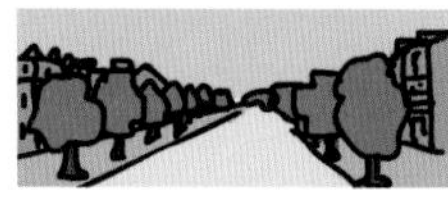

five vegetables
best investment

自動販売機のことを、英語で vending machine と言いますが、bending machine と B の音で発音してしまうと、金属などを「曲げる(bend する)」機械のことになってしまうので、注意してくださいね。

vending
machine

それから、「あたりまえでしょ」というときによく使う、obvious という単語。B と V がつづいて、発音しにくいですよね。

正しくは、ob-vi-ous のように、B と V 両方しっかり発音することになっていますが、アリーやファジーがふだん話すときは、B で口は閉じないで、V で音をとめるような感じで発音しています。これも、いっしょに練習してみましょう。

obvious
ob-vi-ous

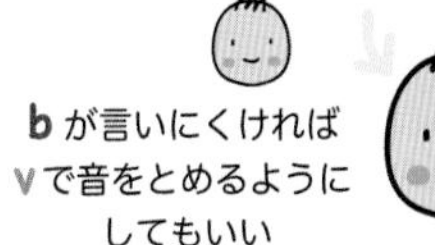
b が言いにくければ
v で音をとめるように
してもいい

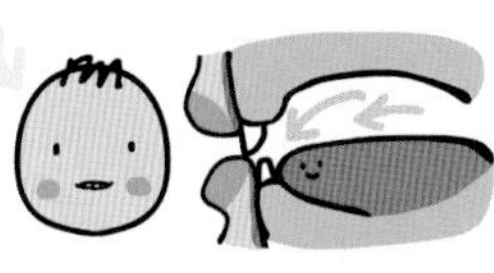

「雨がふったら、道路がぬれます」
「はぁ？　あたりまえでしょ」

Bruh は「あたりまえでしょ」というときに、若い人たちが使うスラングです。Rain creates wet roads. は、The four horsemen of the obvious と呼ばれるミーム（meme）の１つで、新聞やテレビの「あたりまえすぎる」表現をからかっています。

BとVのつく発音を、文章で練習してみよう

Have you ever been to Beverly Hills?

ビバリーヒルズに行ったことある？

I need to give her the book back.

あの子（女の子）に、その本返さなきゃ！

Can you save some strawberries for me?

いちご、ぼくのもとっといてくれる？

動画でチェック

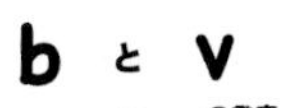

b と v の発音

b と v、聞きわけられるかチャレンジしてみよう！

破裂しない破裂音がある!?（その１）

破裂音 /d,t,b,p,g,k/ の発音

ねぇファジー、この章では、「破裂しない破裂音」を練習してみよう！

「破裂しない破裂音」って、どういうこと？　でもその前に、「破裂音」ってなに!?

破裂音（はれつおん）っていうのは、/d/ /t/ /b/ /p/ /g/ /k/ のことだよ。発音するとき、爆発するみたいにいきおいよく息が出てくるから、「破裂音」って言われてるんだ。

たとえば、day と toy。この d と t は、舌が上の歯の根もとのところにくっついて、「ドゥ」「トゥ」って、いきおいよく息が出てくるよね。

ほんとだ！　/b/ と /p/ も、閉じたくちびるがぱっと開いて、「ブ」、「プ」って息が出てくるね。

それから、/g/ と /k/ は、舌の奥のほうがもりあがって、口の天井にさわって、「グ」「ク」って息が出てくるよ。

こういうふうに、単語のはじめにある破裂音は、一気に息を破裂させるようにして発音するんだ。

破裂音を破裂させて発音しよう！

R
L
TH
T
WH W Y
M N NG
S SH
F V B
破裂音

破裂音でも、破裂しないときがある!?

/d/ /t/ /b/ /p/ /g/ /k/ の破裂音は、ローマ字の音に似ているから、かんたんだね！

ところが、破裂音でも、破裂しないときがあるんだ。

えー！　どういうこと？

たとえば、stop。ついつい「ストップ」と読みたくなっちゃうけど、stop の p は、ストッ「プ」のように、新しく息を出しちゃダメなんだ。P は、口を閉じて息をとめたところで stop ！

こんなふうに、破裂音が音節の終わりにあるときは、息をとめたところでおしまいなんだ。

音節の終わりの p は、「プッ！」って言わないで、息を stop するんだね！

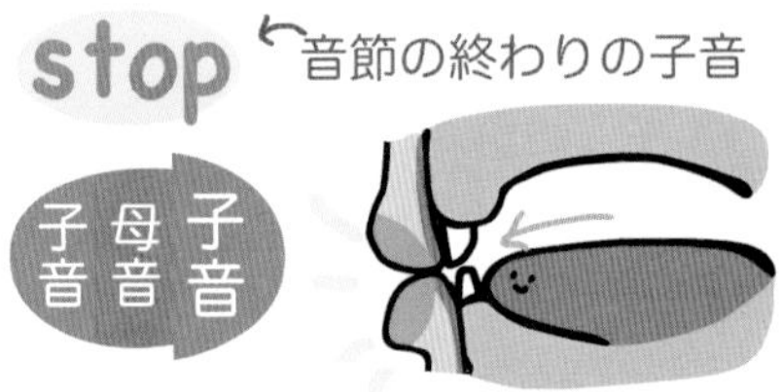

p で息をはかないで、口を閉じて終わり

だから、破裂音（plosives）は、英語では、stop consonants（閉鎖子音）とも言うんだ。

音節の終わりの b も同じだよ。「ブッ」って、新しく息を出さないように練習してみよう。

破裂しない、/p/ と /b/ の発音を練習しよう

stop　deep　shop

cube web YouTube

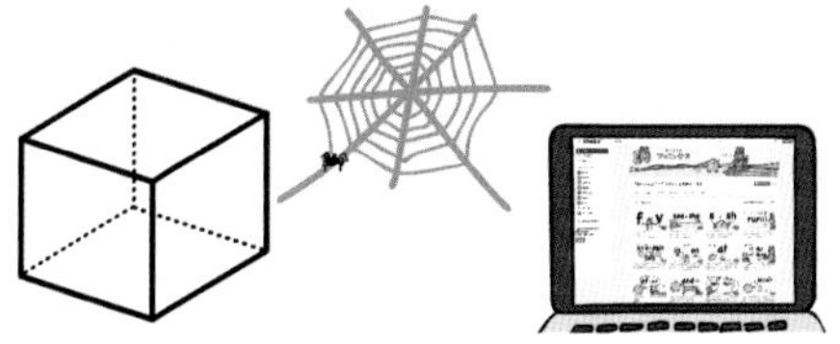

あれっ、でも web って言うとき、完全に b で音がとまらないで、びみょうに「ブ」って聞こえるような気がするんだけど、あれはなに？

それはね、くちびるを閉じたときに、出ていけなかった息がまだ残ってて、つぎに口を開けたときにそれが出てきただけだよ。だから、わざわざ新しく息を出したわけじゃないんだ。

あの息は、残りものだったのか〜。

破裂しない、/d/と/t/の発音を練習しよう

/d/ と /t/ も同じ。舌で息を stop できるかな？

bed road bread

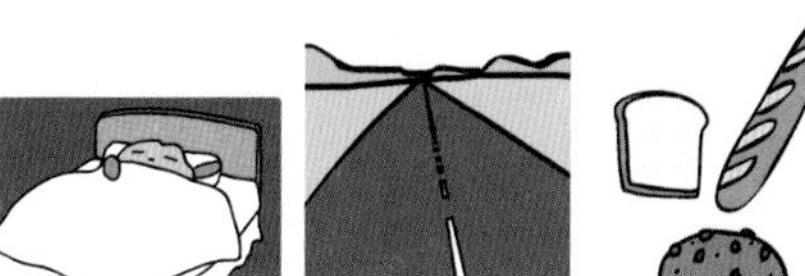

舌をはなしたときに、ちょっと音が出ることがあるけど、それも、残りものの息ね！

starとstartの音のちがいがわかる？

でも、舌で息をストップすると、ほとんど /d/ と /t/ の音は聞こえないから、たとえば、star と start は、同じ発音に聞こえてしまうんじゃないの？

終わりの子音の音は小さくても、ネイティブの人は、音がとまっているかどうか、それから、つぎの音とのあいだの小さなすきまを、ちゃんと聞きわけているんだ。

star と start の場合、star は「あー」の母音がつづいていくけど、start は、母音が急にピタッととまった感じになるよ。まずは、聞きくらべてみよう。

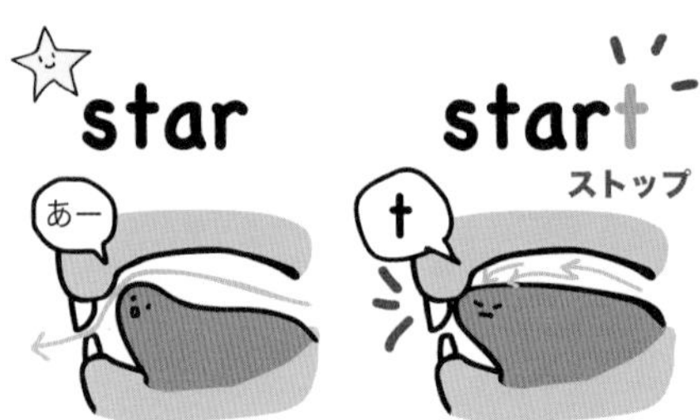

日本の人は、star と start の音のちがいを出そうとして、無理にスター「ト」と言いがちだけど、そこまで /t/ を強調すると、かえって通じにくくなっちゃうよ。

破裂しない、/g/ と /k/ の発音を練習しよう

big　bag　dog

book　snack　click

舌を口の天井からはなすときに、ちょっと音が出るけど、それも、残りものの息！

そういうこと！　こんなふうに破裂音には、破裂するときとストップするときの、２つの音があるんだ。

まちがいやすい破裂音は、これ！

日本の人がとくにまちがいやすいのは、ストップする破裂音のほうだよ。

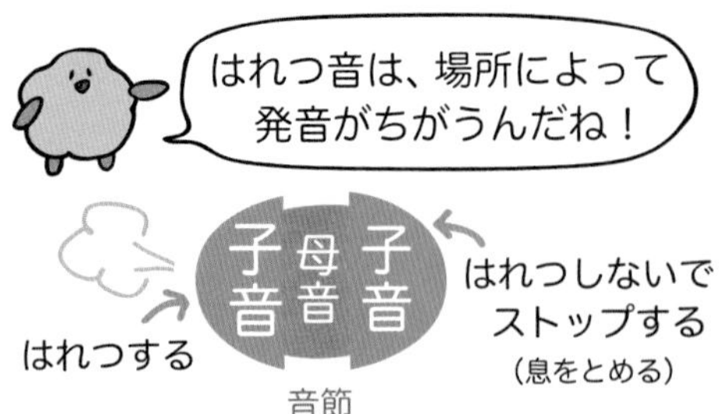
はれつ音は、場所によって
発音がちがうんだね！
子母子
音音音
はれつしないで
ストップする
（息をとめる）
はれつする
音節

たとえば、I'd like to travel.（旅行したい）と言うとき。音節の終わりの破裂音をストップしないで、アイ・「**ドゥ**」・ライ・「**ク**」・トゥ・トラベル、と発音しがちなんだ。

I'd like to travel.

子母子
音音音
アイ「**ドゥ**」
ライ「**ク**」って
息を出さない！

たしかにI'dもlikeも、それぞれ1音節で、/d/と/k/は、音節の終わりにあるから、ひとかたまりで発音しなきゃいけないよね。

しっかり文字の音を強調してしまうと、音節が増えて、かえって通じにくくなっちゃうこともあるんだ。だから、ぼくたちの発音をよく聞いて、まねをすることが大事だよ！

破裂音の発音を文章で練習してみよう

I'd like to visit NY.

ニューヨークに行ってみたい。

Wait!
Let me check the website.
(Lemme)

待って！　ウェブサイトをチェックさせて。

This homework is too hard.
I need some break.

この宿題はむずかしすぎる。
ちょっと休憩したい。

● 日本語は、言葉の終わりがだいたい母音になるので、英語の音節（音のかたまり）の「終わりの子音」というものが、なかなかわかりにくいと思います。

英語の「音」を理解する一番の近道は、英語の歌や動画などで、実際の英語の音声をたくさん聞くことです。というのも、発音記号や文章をいくら読んだところで、「音節のはじめの子音」と「終わりの子音」のちがいを知ることはできないからです。

辞書の発音記号のとおり、ぜんぶをしっかり読んでしまうと、実際の発音にはなりません。正しい発音にするためには、音節がどうなっているかにあわせて、音節の終わりにある破裂音は、息をはかないように、自分で判断しなくてはいけないのです。実際の音を聞かずに、発音記号だけで想像するのでは、むずかしいのもあたりまえですよね。

その点、実際に音を聞いてまねすることができるオンライン辞書などの音声素材は、たいへん実用的です。しかし、それでも辞書の場合は、一語一語しっかり発音する傾向があるので、終わりの子音は、現実の会話よりも、強調されがちです。

日常会話では、話が単語1語で終わることは少なく、だいたいつぎの単語に言葉がつながっていくので、音節の終わりの破裂音は、つぎに子音がつづくときは、さらに小さな音になることが多いです。

いまは、YouTube などで、かんたんに英語の動画を見ることができます。みなさんもぜひ、たくさん英語の音を聞いて、破裂しない破裂音が、実際にどう話されているのか、体験してみてください。

動画でチェック

はれつしないはれつ音？

単語の終わりの破裂音は、息を出さないの？

英語の音節

英語は見た目よりも音が短い？

破裂しない破裂音がある!?（その２）

破裂音をつなげよう

ファジーは、破裂音が破裂しないこともあるって、もうわかったかな？

うん！　音節の終わりにある破裂音は、息をストップするんだよね。

そう！　それじゃ、Good luck! は、どうやって発音するんだっけ？

グッ「**ド**」ラッ「**ク**」みたいに、/d/ や /k/ で、息を出して発音しちゃダメなんだよね。

正解！　グッ・ド・ラッ・ク、のように発音すると、音のかたまりが４つできてしまうよね。

英語らしく発音するためには、good の d で、舌を上の歯の根もとにくっつけたら、そのままはなさないのがポイント！　つぎの luck につなげるように言うんだ。英語の Good luck! は、２音節だよ。

破裂音のあとに子音がつづくときは、破裂音でストップ！

終わりの /d/ に母音がつづくとき

でも、破裂音のあとに母音がつづくときには、どうなると思う？

母音がつづくとき？

たとえば、good と idea がつづいていたら、どういうふうに発音すると思う？

Good idea?　グッ（息をストップ）アイディア？

おしい！　Good の /d/ で舌をはなさないで、つづけて発音すると？

グダイディア！

そう。d で舌をつけたまま、idea って発音すると、good idea ってつながるよね。

こういうふうに、破裂音のあとに母音がつづくときは、つなげて発音すると自然な英語になるよ。

終わりの /k/ に母音がつづくとき

たとえば、take care や、take away も同じだよ。

take care は、ティ「ク」・ケア、じゃないんだよね。

そう！　take の /k/ で、舌を口の奥の天井にくっつけたまま、はなさないで care につづけるんだ。

take away も同じ。/k/ で舌をはなさないで、away につづけて発音できるかな？

ティ「ク」・アウェイ、じゃなくて、ティ・カウェイ！　できた！
破裂音で終わる単語は、舌の場所を動かさないで、つぎの単語につづけて発音するのがポイントだね！

/b/ と /p/ のときも同じだよ。「ブッ」「プッ」のように息を出さないで、そのままつぎの母音につなげるように発音してね。

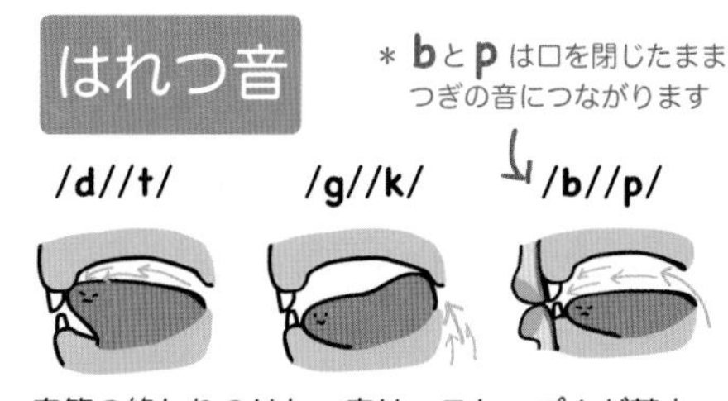

音節の終わりのはれつ音は、ストップ！が基本

破裂音をストップしたり、つなげたりしてみよう！

日常会話では、破裂音をつなげて言うときと、ストップするときがあるよ。動画の発音をよく聞いて、どこがつながっているか考えながら、練習してみよう！

目、覚ましなさい！　もう起きるよ！

＊ファジーは、get up の /t/ を glottal stop（のどでとめる音）で発音しているので、up にはつないでいません。

ストップ　ストップ

Look at this! Do you like it?

これ見て！　気に入った？

ストップ

Wait a second! Let's take a selfie!

ちょっと待って！　写真撮ろう！
(selfie セルフィーは「自撮り」のこと)

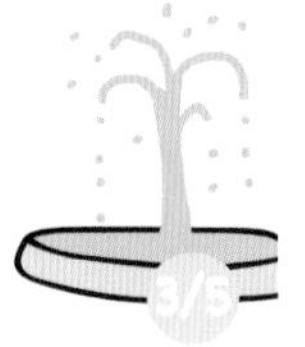

ストップ
Step asid e.

ストップ　　　　　　　　　　　ストップ
Let people get off the train first.

ちょっと横に行って。おりる人が先よ。

ストップ
Hold on. I couldn't hear you.

ストップ
What did you say?

ちょっと待って。聞こえなかったんだけど、なんて言ったの？

動画でチェック

はれつ音をつなげよう

ネイティブみたいに単語をつなげられるかな？

終わりの子音を聞き取ろう！

リスニングチャレンジ！　このちがいがわかるかな？

著者：スーパーファジー

福井県生まれ。東京大学教養学部アメリカ科卒業。電通でCMプランナーとして勤務したのち、イギリスに留学。ロイヤル・カレッジ・オブ・アート卒業。パリで結婚し2児の母に。現在ロサンゼルス在住。ウェブサイトのつくりかたを独学し、2017年1月『あいうえおフォニックス』をつくる。以降、視聴者のリクエストにこたえる形で、YouTubeチャンネル『あいうえおフォニックス』で動画を配信している。

ウェブサイトURL https://aiueophonics.com/

You TubeチャンネルURL https://bit.ly/3amGC9g

あいうえおフォニックス❷

英語の[子音]編　日本人が苦手な発音を徹底攻略！

2020年11月30日　初版発行
2024年11月5日　6版発行

著者／スーパーファジー

発行者／山下直久

発行／株式会社KADOKAWA
〒102-8177　東京都千代田区富士見2-13-3
電話0570-002-301（ナビダイヤル）

印刷・製本／TOPPANクロレ株式会社

●お問い合わせ
https://www.kadokawa.co.jp/（「お問い合わせ」へお進みください）
※内容によっては、お答えできない場合があります。
※サポートは日本国内のみとさせていただきます。
※Japanese text only

定価はカバーに表示してあります。

Printed in Japan
ISBN 978-4-04-110774-4　C0082

編集協力／小山哲太郎（リブロワークス）
デザイン／風間篤士（リブロワークス デザイン室）
編集／豊田たみ（KADOKAWA）

※QRコードについて
カバーおよび本文に掲載しているQRコードは、2020年11月30日時点のものです。